中国饮料制造业全要素生产率测算及其影响因素研究

邢育松 著

Study on the Measurement and Influencing Factors of Total Factor Productivity of

CHINA'S BEVERAGE MANUFACTURING INDUSTRY

中国财经出版传媒集团
经济科学出版社
Economic Science Press

前 言

工业化进程中，制造业是推动经济增长和经济发展的重要支柱产业，制造业竞争力的强弱直接影响一个国家或地区在世界经济格局中的地位和作用，饮料制造业是中国制造业中31个大门类之一，是中国食品工业的重要组成部分。根据中国统计局发布的数据可知，2016年，我国饮料制造业全国规模以上企业数量为6962家；实现工业销售产值（当年价格）19034.28亿元，比2015年增长7.99%；资产总计16761.53亿元，比2015年增加7.45%；主营业务收入达18538.03亿元，比2015年增长了6.70%；完成利润总额为1908.52亿元，比2015年增长了6.05%。在饮料制造业快速发展的同时，国家在政策方面对该产业的健康发展高度重视：国家发展和改革委员会发布的《产业结构调整指导目录》（2013年修订）提出，鼓励"高附加价值植物饮料的开发生产与加工原料基地建设，果渣、茶渣等的综合开发与利用"；2016年，国家卫生计生委发布了《食品安全标准与监测评估"十三五"规划（2016－2020年）》；2017年1月，国家发展和改革委员会和工信部发布了《关于促进食品工业健康发展的指导意见》；2017年3月，食品药品监管总局发布了《关于食品生产经营企业建立食品安全追溯体系的若干规定》，这些意见和规定的提出是我国饮料制造业稳定发展的有力保障。但是在饮料制造业高速发展的背后，矛盾也是并存的，主要表现在：一是饮料制造业企业数量庞大，企业规模比例失调；二是产业分布较为分散；三是存在产品质量安全问题；四是产业研发投入不足、地区发展不平衡；等等。在此背景下，研究中国饮料制造业经济发展现状，分析影响饮料制造业经济增长的关键要素，探寻提高饮料制造业经济增长能力的路径，有效推动我国饮料制造业的发展与繁荣，为未来产业布局提供可靠的依据，是时代赋予的课题。

自20世纪70年代以来，在经济增长理论的发展过程中，各国经济学家普遍认为全要素生产率是衡量经济可持续增长的重要指标，同时还能够测算出对经济增长作出贡献的技术进步和技术效率。目前，选择用全要素生产率来分析中国饮料制造业的经济发展现状是与当前学术界的理论评价相一致的，更具科学性。通过测算中国饮料制造业的全要素生产率，不仅能够反映出产业的经济增长，还能够揭示饮料制造业技术进步和技术效率在现实经济中的贡献率，能够深层次地挖掘饮料制造业的发展机理，这样的测算结果更符合饮料制造业发展的现实状况。本书在理论回顾和文献梳理的基础上，从宏观、微观角度实证研究中国饮料制造业全要素生产率增长状况，同时还研究了技术进步和技术效率等分解变量的增长率水平；本书用宏观、微观两组数据进行衡量全要素生产率及技术进步、技术效率等分解变量的增长率，是为了更全面、翔实地反映中国饮料制造业的经济增长现状。

首先，运用数据包络分析的 DEA – Malmquist 指数方法，测算了中国及30个地区2000~2015年饮料制造业全要素生产率水平及技术进步和技术效率等分解变量的增长率水平，同时测算了2001~2015年中国饮料制造业沪深A股24家上市企业全要素生产率水平及分解变量的增长率水平；其次，采用静态面板固定效应模型、动态面板模型（差分GMM两步法）对饮料制造业全要素生产率增长率是否具有收敛特征进行了检验；再次，将微观层面的上市企业全要素生产率水平及技术进步、技术效率等分解变量的增长率水平变动趋势与宏观层面的数据进行比较；最后，采用差分 GMM 和系统 GMM 方法实证研究了中国饮料制造业全要素生产率的影响因素。主要得出以下研究结论：

第一，通过宏观数据测算 2000~2015 年中国 30 个地区饮料制造业的全要素生产率水平，同时，测算了技术进步、技术效率等分解变量增长率水平，可知：（1）技术进步是中国饮料制造业全要素生产率提高的主要推动力，其中纯技术效率是改善技术效率的主要推动力；（2）从地区饮料制造业测算结果可知，技术进步、技术效率虽然共同影响全要素生产率的增长，但是技术进步仍然是全要素生产率提高的主要推动力；（3）中国的东部、中部和西部三个区域饮料制造业的全要素生产率增长均呈现倒"U"型态势，中部、西部地区的全要素生产率水平显著高于全国平均水平，东部的全要素生产率水平显著低于全国平均水平；东部、西部地区饮料制造业全要素生产率的增长是由技术进步和技术效率改善共同推动的，中部地区饮料制造业全要素生产率增长的唯一推动力为技术进步，技术效率的恶化产生了一定程度的拖累效应。

第二，东部、中部和西部三个区域饮料制造业全要素生产率增长的绝对收敛特征并不明显，但出现了显著的条件收敛，表明三个区域内部地区的饮料制造业全要素生产率增长差距在不断缩小。

第三，通过微观数据分析 2001~2015 年中国饮料制造业 24 家上市企业的全要素生产率水平，同时，测算了技术进步、技术效率等分解变量增长率水平，可知：（1）技术进步是中国饮料制造业上市企业全要素生产率提高的主要推动力，技术进步、技术效率共同影响上市企业生产率的增长，纯技术效率、规模效率提高也会促进各上市企业的技术效率；（2）中国饮料制造业上市企业及东部、中部和西部三个区域饮料制造业上市企业的全要素生产率增长率均呈现倒"U"型态势，中部、西部地区饮料制造业上市企业的全要素生产率水平显著高于全国平均水平，东部地区饮料制造业上市企业的全要素生产率水平显著低于全国平均水平，西部地区饮料制造业上市企业全要素生产率的增长是由技术进步和技术效率改善共同推动的，东部、中部地区饮料制造业上市企业全要素生产率增长仅由技术进步推动。

第四，通过对微观数据（2001~2015年饮料制造业24家上市企业）与宏观数据（2000~2015年中国饮料制造业）的比较发现：（1）上市企业的全要素生产率及技术进步、技术效率增长率的平均水平与全国的数据比较，可知上市企业绝大部分的数据低于全国平均水平，说明在饮料制造业中，一部分非上市企业能够实现较高的全要素生产率及技术进步、技术效率增长，而个别表现不佳的上市企业极易影响上市企业整体表现；（2）通过对二者全要素生产率及技术进步、技术效率等分解变量增长率变化比较，发现它们的增长率所呈现的变动趋势基本是一致的，更完整与详尽地分析了中国饮料制造业经济发展现状。

第五，本书在经济理论和研究文献的基础上，依据饮料制造业的数据可获得性，构建动态面板模型，从宏观层面分析了影响中国饮料制造业全要素生产率的11个因素，研究结果共有5个因素与全要素生产率的增长显著相关，另有6个因素相关但不显著，我们主要阐述与全要素生产率增长显著相关的影响因素：（1）提高消费增长率、市场化程度和交通基础设施水平能够积极促进饮料制造业全要素生产率的增长；（2）增加受过高等教育的从业人员能够促进饮料制造业全要素生产率的增长；（3）控制企业增加的数量能够促进料制造业全要素生产率的提高；（4）根据全要素生产率滞后一期的结果可知，如果其他条件保持不变，中国饮料制造业缺乏提高效率的动力。

目 录

第1章 绪论 **001**
1.1 研究背景及意义 001
1.2 研究内容及框架 004
1.3 研究方法与创新 007

第2章 理论基础与文献综述 **009**
2.1 全要素生产率理论基础和测算方法 009
2.2 全要素生产率及影响因素的文献综述 023
2.3 饮料制造业相关研究综述 035

第3章 中国饮料制造业发展现状分析 **037**
3.1 中国饮料制造业整体发展概况 037
3.2 中国饮料制造业省际发展概况 046
3.3 中国饮料制造业上市企业发展概况 057
3.4 本章小结 063

第4章 基于宏观数据的中国饮料制造业全要素生产率测算与分析 **066**
4.1 研究方法、变量选取及数据说明 067

4.2	实证结果分析	069
4.3	中国饮料制造业 TFP 增长的收敛性分析	081
4.4	本章小结	085

第 5 章 基于微观数据的中国饮料制造业全要素生产率测算与分析   **087**

5.1	变量选取及数据说明	088
5.2	实证结果分析	090
5.3	中国饮料制造业 TFP 微观与宏观数据比较分析	104
5.4	本章小结	111

第 6 章 中国饮料制造业全要素生产率影响因素实证分析   **113**

6.1	饮料制造业影响因素的预期假说	114
6.2	计量模型构建及回归方法说明	114
6.3	变量选择与设定	119
6.4	数据来源说明	125
6.5	实证结果分析与讨论	125
6.6	本章小结	135

第 7 章 研究结论、政策启示与展望   **136**

7.1	主要研究结论	136
7.2	政策启示	138
7.3	研究不足与展望	139

参考文献   **141**

第 1 章

绪 论

1.1 研究背景及意义

1.1.1 研究背景

自 1776 年亚当·斯密（Adam Smith）的《国民财富的性质和原因的研究》（以下简称《国富论》）一书问世，经济增长一直是经济学家们研究的核心问题之一。纵观经济增长理论发展与研究的历程，我们发现经济学家们关注的焦点是"什么因素决定经济增长"，经济增长理论经历了古典经济增长理论、新古典经济增长理论和新经济增长理论三个时期。亚当·斯密作为古典经济增长理论的代表人物，提出劳动生产率的重要作用，资本积累和技术进步都为劳动者服务。斯密认为劳动力、劳动分工、资本积累和技术进步是经济增长的动力。随着理论研究的不断深入，经济学家从不同角度分析投入要素对经济增长的促进作用，研究的内容从劳动力、资本积累、对外贸易到技术进步、人力资本等，从研究变量的外生性到内生性，生产率的研究从单一因素生产率到多要素生产率，再延伸到全要素生产率。那么，经济理论和研究方法是社会经济发展的产物，当经济发展到一定阶段，经济增长方式的转变是实现经济长期保持增长的途径，即实现由投入驱动型增长向效率驱动型增长转变。全要素生产率实质上是指要素投入所不能解释的部分，其增长的路径是技术进步和技术效率。目前，随着对全要素生产率的测算方法越来越精巧，全要素生产率研究的影响因素也越来越丰富，这一余值越来越低（易纲等，2003）。

工业化进程中，制造业作为重要支柱产业，推动了经济增长和经济发展，制造业竞争力的强弱能够直接影响一个国家（地区）在世界经济格局中的地位和作用。饮料制造业是中国制造业31个大门类之一，是中国食品工业的重要组成部分，饮料制造业的发展不仅能够丰富居民生活消费，改善生活质量，还能够增强食品工业的可持续发展，对人们追求日益增长的美好生活需要具有重大意义。改革开放以来，饮料制造业得到了迅速发展，取得了巨大成就。2016年，我国饮料制造业全国规模以上企业数量为6962家；实现工业销售产值（当年价格）19034.28亿元，比2015年增长7.99%；资产总计16761.53亿元，比2015年增加7.45%；主营业务收入达18538.03亿元，比2015年增长了6.70%；完成利润总额为1908.52亿元，比2015年增长了6.05%；饮料制造业从业人数162.61万人[①]。

饮料制造业的快速发展，联动了上下游产业的发展，提高了就业人数等利好，但是在产业高速发展的背后矛盾也是并存的，主要表现在：一是饮料制造业企业数量庞大，企业规模比例失调。饮料制造业是劳动密集型产业，产业壁垒较低，大多数企业不易形成垄断优势，企业数的增加会进一步加深产业内竞争，削弱业绩差的企业的利润，降低生产效率。二是饮料制造业产业分布较为分散。2015年，饮料制造业的两位数行业中酒的制造占比为54%，饮料的制造为35%，精制茶加工为11%，如啤酒的制造仅山东省、广东省和河南省市场份额所占比例较高，其余份额分布在各个省份[②]。饮料制造业共有13个四位数行业，其行业分布在全国各个地区，难以形成竞争优势。三是饮料制造业产品质

[①] 《中国统计年鉴2017》。
[②] 《中国统计年鉴2016》。

量安全问题。源于国内市场竞争激烈，产业内有较多的小企业、小作坊在逐利的前提下不注重产品质量，频现酒精"勾兑门"、进口葡萄酒"掺假"、饮料造假、"年份茶"等质量问题，也使国外相关产品更多地进入中国市场，产业的发展更加严峻。四是产业研发投入不足。饮料制造业从业人员受教育水平较低，企业没有重视产品研发，一方面研发人员占从业人数比例较低，另一方面企业研发投入不足。

综上所述，在中国饮料制造业发展的客观背景下，优化产业生产要素组合，提升自主创新能力，提高从业人员的综合素质，积累资金、技术、管理经验，完成质量标准体系建设，加快增长方式的转变，提高产业生产效率，在更好地满足国内市场需求的同时，打造具有国际竞争力的民族品牌，适时深度融入国际市场，从而有效推动了我国饮料制造业的发展与繁荣，为未来产业布局提供可靠的依据，是时代赋予的课题。

1.1.2 研究意义

在上述背景下，以经济理论为依据，研究中国饮料制造业经济发展现状，分析影响饮料制造业经济增长的关键要素，探寻提高饮料制造业经济增长能力的路径，有效推动我国饮料制造业的发展与繁荣，具有十分重要的理论和现实意义。

首先，中国饮料制造业的发展有助于产业全要素生产率理论体系的完善。以经济增长理论为基础，国内外学者通过实证对全要素生产率理论开展研究，由于研究领域的不同，研究的机制的变化，测算愈加精细，这个余值已经越来越小，研究也更加完善，形成了丰富的理论研究成果和实证研究成果。但是，学者们对全要素生产率的研究多集中在国家、地区或者企业的大门类产业，对于二位数行业的研究较少。本书选择用全要素生产率来分析中国饮料制造业的经济发展现状是与当前学术界的理论评价相一致，更具科学性，通过对中国饮料制造业全要素生产率及影响因素的研究，能够对产业全要素生产率理论体系的完善做以补充。

其次，在实践上具有一定的借鉴价值。目前，中国饮料制造业是一个正在发展的朝阳产业，在国际市场竞争力较弱，国内市场还需要面对国外同类产品的竞争，发展过程中也频现问题。希望通过研究分析我国的 30 个地区饮料制造业、三大区域及饮料制造业上市企业的现状，从微观、宏观视角测算中国饮料制造业的全要素生产率，不仅能够反映出产业的经济增长，还能够揭示饮料制造业技术进步和技术效率在现实经济中的贡献率，能够深层次地挖掘饮料制造业的发展机理，这样的测算结果更符合饮料制造业发展的现实状况以提高我国饮料制造业的经济增长能力。

1.2 研究内容及框架

1.2.1 研究内容

本书的研究目标为在理论分析和文献综述的基础上，分析中国饮料制造业的全要素生产率，进一步探寻提高饮料制造业全要素生产率增长的路径和影响因素，为饮料制造业的发展提供一定参考。围绕着这一目标，具体研究内容如下：

第 1 章，绪论。该章主要阐述本书的研究背景及意义、研究内容及框架、研究方法和创新。

第 2 章，理论基础与文献综述。本章通过相关概念（生产率、全要素生产率、饮料制造业等）、理论（经济增长理论）、方法对全要素生产率理论进行回顾和阐述，梳理、归纳了国内外全要素生产率及影响因素的研究综述，分析了中国饮料制造业全要素生产率研究现状。

第 3 章，中国饮料制造业发展现状分析。本章主要从三个方面、三个角度阐述中国饮料制造业经济发展现状：三个方面是指分析中国饮料制造业整体、30 个地区饮料制造业和饮料制造业 24 家上市企业；三个角度是指市场占有率、市场规模和市场环境。

第 1 章 绪 论

第 4 章，基于宏观数据的中国饮料制造业全要素生产率测算与分析。首先，采用 DEA - Malmquist 指数方法，测算了中国及 30 个地区从 2000~2015 年饮料制造业的全要素生产率水平及技术进步和技术效率等分解变量的增长率水平对产业的贡献大小；同时，分析了饮料制造业 30 个地区的动态效率变化和技术效率变化。其次，采用 DEA - Malmquist 指数方法，分析了饮料制造业全国以及东部、中部、西部地区全要素生产率变动趋势。最后，对中国及三个区域饮料制造业全要素生产率的收敛性进行检验。

第 5 章，基于微观数据的中国饮料制造业上市企业全要素生产率测算与分析。采用 DEA - Malmquist 指数方法，测算从 2001~2015 年中国饮料制造业 24 家上市企业的全要素生产率，进一步分析技术进步和技术效率对上市企业的贡献大小，分析了饮料制造业 24 家上市企业的动态效率变化和技术效率变化。同时，采用 DEA - Malmquist 指数方法，分析了饮料制造业分布在东部、中部、西部地区的 24 家企业全要素生产率变动趋势。进一步将全国层面的饮料制造业和饮料制造业上市企业全要素生产率及技术进步、技术效率等分解变量的增长率进行比较，分析二者的增长变动趋势是否一致，为中国饮料制造业的经济发展现状提供更完整、翔实的数据结果。

第 6 章，中国饮料制造业全要素生产率影响因素实证分析。基于第 2 章的经济理论和文献综述，本章构建了关于中国饮料制造业的 11 个影响因素，建立动态面板模型，采用差分 GMM 和系统 GMM 方法综合分析这些因素对中国饮料制造业全要素生产率增长的影响机理以及影响程度。

第 7 章，研究结论、政策启示与展望。本章主要阐述了研究的主要结论，提出相关政策启示，指出笔者在研究中存在的不足，对未来进一步研究提出展望。

1.2.2　研究框架

本书的研究思路与框架如图 1-1 所示。

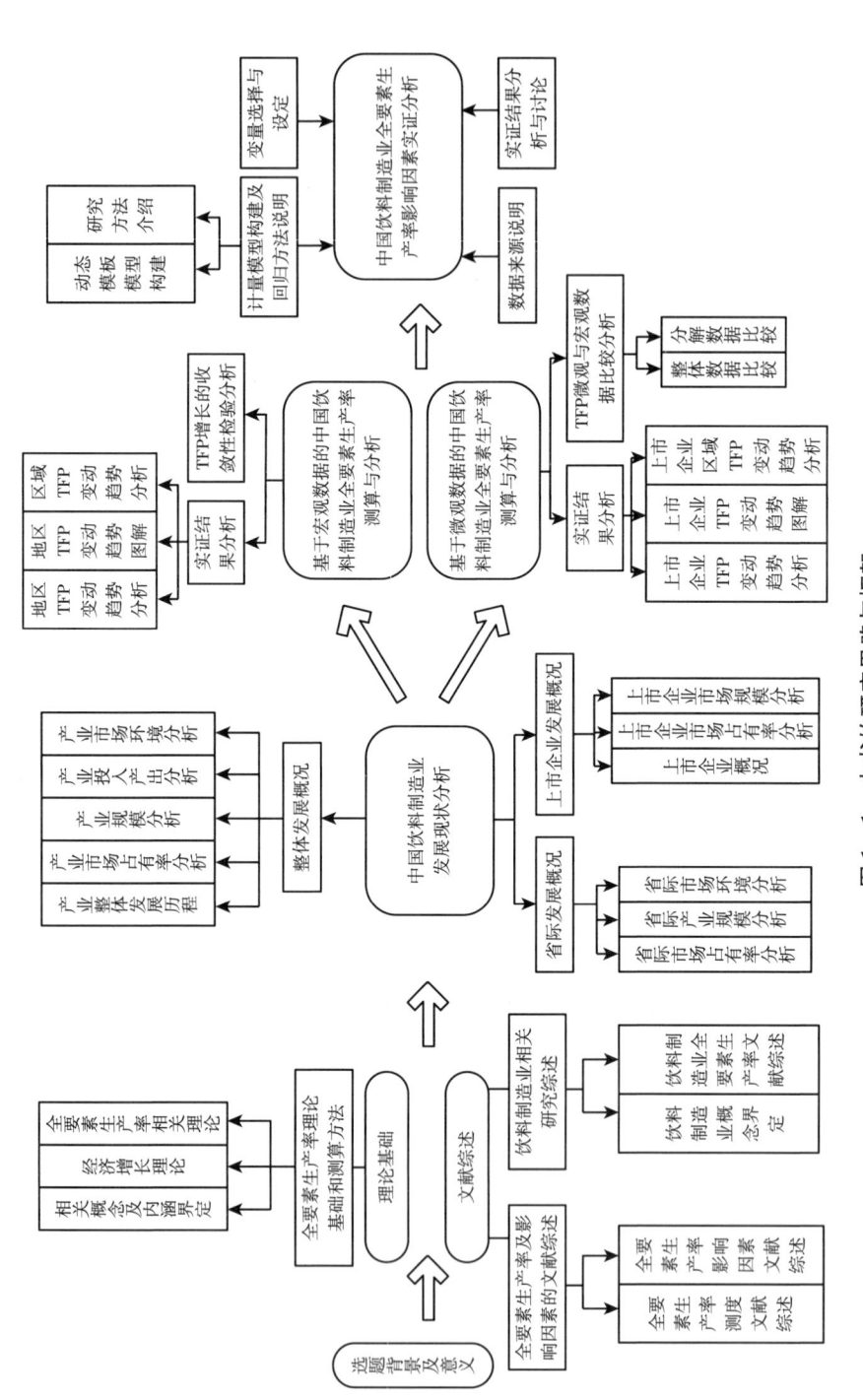

图 1-1 本书的研究思路与框架

第 1 章　绪　论

1.3　研究方法与创新

1.3.1　研究方法

本书对中国饮料制造业全要素生产率以及影响因素分析采取了理论研究与实证研究相结合的方法。理论研究是基础，它对实证研究具有指导意义，而理论研究的准确性可以通过实证研究的结果得到证实。

第一，规范理论分析。借鉴国内外相关理论研究，采用文献研究法、归纳演绎法等规范研究方法为全要素生产率提供理论依据。

第二，统计分析方法。在分析中国饮料制造业的发展现状时，用的是统计分析法，描述了我国饮料制造业、省际饮料制造业和饮料制造业上市企业的市场占有率、产业规模以及市场环境等，为饮料制造业全要素生产率及其影响因素的分析奠定基础。

第三，本书在测算中国 30 个地区、三个区域（东部、中部、西部地区）的饮料制造业和饮料制造业上市企业的全要素生产率及分解均采用数据包络分析的 DEA – Malmquist 指数方法。

第四，在对饮料制造业全国及东部、中部、西部三个区域全要素生产率增长率进行条件收敛性检验时采用静态面板固定效应模型、动态面板模型——差分 GMM 两步法。

第五，在对中国饮料制造业全要素生产率影响因素分析时选择差分 GMM 和系统 GMM 两种方法。

1.3.2　研究创新

第一，基于宏观、微观数据视角研究了饮料制造业全要素生产率，我们从两个层面均得到了技术进步是饮料制造业全要素生产率增长的主

要推动力，通过这两个层面的分析得到了更为可靠的研究结论，说明技术创新是饮料制造业未来发展的着力点。

第二，在实证分析过程中，本书在宏观、微观角度分析了全要素生产率以及技术进步、技术效率等分解指数增长率，还从东部、中部、西部三个区域的角度分析了全要素生产率以及技术进步、技术效率等分解指数增长率，并进一步从宏观层面证实了饮料制造业具有显著的条件收敛特征，无论是从全国层面还是从东部、中部及西部地区进行研究，发现全国以及区域范围内饮料制造业的全要素生产率增长差距呈现出减少态势。

第三，本书通过多个维度和多个层面挖掘影响饮料制造业的因素并通过实证分析方法来进行验证，我们发现：消费增长率、市场化程度、交通基础设施建设水平、受教育水平均能够显著地推动饮料制造业的全要素生产率增长，而企业数量显著地抑制了饮料制造业全要素生产率增长。以上研究结论为推动我国饮料制造业的发展提供了更多的研究视角和着力点。

第2章

理论基础与文献综述

全要素生产率是衡量饮料制造业经济可持续增长的重要指标，也是我国当前供给侧改革的核心内容。自20世纪70年代以来，在经济增长理论的发展过程中，各国经济学家普遍认为全要素生产率是长期经济增长的主要动力。目前，国内学者们采用多种方法来分析全要素生产率问题，研究层面涵盖了国家、省域、产业，还有企业。本章按照全书的发展脉络，对全要素生产率的相关概念、基础理论、测算方法及影响因素分别进行了文献整理与评述，同时还对饮料制造业的概念和相关文献进行了整理与评述，便于笔者能够更好地吸收与借鉴前人的研究成果，为中国饮料制造业全要素生产率的研究和影响因素分析构建一个科学、合理的体系，为全书的实证分析奠定理论基础。

2.1 全要素生产率理论基础和测算方法

2.1.1 相关概念及内涵界定

效率：生产率与全要素生产率的前提是效率，它是衡量经济活动的一个重要指标。近代制度经济学家约翰·康芒斯（J. Commons）认为："效率是出量（使用价值）与入量（劳动工时）的比值。"美国经济学家萨保罗·萨缪尔森（P. A. Samuelson，2005）认为：在不减少一种物品产量的前提下，经济体能够实现另一种物品的最大产出，也就是说，当选择点处于生产可能性边界上的时候，该经济体处于生产的效率状态。意大利经济学家和社会学家维尔弗雷多·帕累托（V. Pareto）提出了关于效率的"帕累托最优"，即在对某种经济资源进行配置的时候，这个配置与其他任何可行的配置相比较，不仅能够让经济体中所有人与初始情况保持不变，还能够至少使其中一个人的情况比初始时更好，那么就称这个资源配置最优。从本质上来讲，效率是资源的投入产出、市场竞争、有效配置和可持续发展四种能力的总称（荆浩，2008）。

传统意义上的效率是指投入产出比，即有形生产要素的投入就是生产率。随着经济理论的延伸，在有形生产要素投入之外还有要素会促进生产效率的提高，这就是现代经济学理论中提出的全要素生产率。

生产率：弗朗斯瓦·魁奈（F. Quesnay，1766）首次规范地提出了生产率概念，此后生产率概念日渐规范化。它是社会学角度的狭义资源配置效率，一般是指一个生产单位对生产要素资源（如人力、物力、财力等）的有效利用程度，是人们在生产、生活过程中将社会有限资源最终转为实际产出的对比关系，即投入与产出或者成本与收益之间的对比关系。

全要素生产率（TFP）：荷兰经济学家简·丁伯根（J. Tinbergen，1942）首次提出全要素生产率，在生产函数基础上引入时间变量表示"效率"的变化；美国经济学家希朗·戴维斯（H. S. Davis，1955）在《生产率核算》一书中首次明确提出了多要素生产率的内涵，多要素生产率主要针对全部要素进行测算；美国经济学家罗伯特·索洛（R. M. Solow，1957）通过假定规模报酬不变建立总量生产函数和增长方程，由此提出了著名的"索洛余值"，将劳动、资本等要素投入扣除后所得到的经济增长算数"余值"，即为"全要素生产率"；爱德华·丹尼森（E. F. Denison，1967）将投入要素细分，进一步发展了"索洛余值"；乔根森和格里利切（Jorgenson & Griliches，1967）致力于研究全要素生产率的测算方法，采用超越对数生产函数形式解释生产率的变动。国内关于全要素生产率的研究：易纲等（2003）提出全要素生产率是指各要素（如资本和劳动）之外的技术进步（变化）对经济增长贡献的因素。林毅夫（2007）认为在经济增长核算理论中，全要素生产率是一个"残差"，等于产出增长率与各个被计算到的投入要素增长率加权和之差。余利丰（2010）认为全要素生产率是指在经济增长研究中，剔除通过增加要素所贡献部分以外的仍可以加快经济增长的那个部分。蔡昉（2013）认为在各种要素投入水平既定的条件下，能够达到的额外的生产效率就是全要素生产率，同时也将其视为"残差"，是由微观生产效率和资源重新配置效率构成。白重恩和张琼（2015）认为全要素生产率是一个将要素投入转化为产出效率的综合度量指标。

综上所述，本书根据研究目的将全要素生产率的定义界定为："扣除产业的资本和劳动两种投入要素后，其他所有要素引发技术进步与技术效率等变化对该产业经济增长的最终贡献。"

2.1.2 经济增长理论

经济增长理论的发展经历了古典经济增长理论、新古典经济增长理论和新经济增长理论三个阶段。以经济增长理论为基础的全要素生产率理论，是经济增长理论的进一步延续和发展。本书研究的是中国饮料制造业全要素生产率测算及其影响因素，为了能够进行科学、合理地测度和深入分析，对经济增长理论、全要素生产率理论及相关研究文献进行整理，为后续的实证研究提供理论依据。

2.1.2.1 古典经济增长理论

亚当·斯密、大卫·李嘉图（David Ricardo）和托马斯·马尔萨斯（T. R. Malthus）等是古典经济增长理论的代表人物。1776年，斯密在

《国富论》中提出国民收入增长的主要力量来自劳动力,通过劳动力数量的增加和劳动生产率的提高能够推动经济增长。劳动生产率的提高可以通过劳动分工使劳动者增加工作的熟练程度,增加单位产出;资本积累可以增加劳动者的数量,同时,扩大资本容量可以间接推动经济增长,此外,依靠劳动者的技术进步也可以提高生产效率进而推动经济增长。所以,斯密认为劳动力、劳动分工、资本积累和技术进步是经济增长的动力。1817年,李嘉图在《政治经济学及赋税原理》一书中提出利润是经济增长的动力,资本积累来自利润,一方面可以通过技术进步提高劳动生产率而实现利润的增加,另一方面可以通过对外贸易在国际范围内提高劳动生产率,李嘉图在其著作中提出了分配论和价值论。1789年,马尔萨斯在《人口论》一书中提出制约原理、增殖原理和人口均衡原理,他认为随着人口数量的增加,土地的边际收益递减的作用下,产出的增量会减少,当人口的增长为零时,经济增长同时为零,长期的状态就是二者将趋于稳定,被人们称之为"悲观主义经济学"。

综上所述,古典经济学认识到了劳动力、资本、土地等资源对经济增长的推动作用,为经济学的发展与延伸奠定了基础,在现代经济学的研究中仍然具有举足轻重的借鉴作用。

2.1.2.2 新古典经济增长理论

罗伯特·索洛(R. M. Solow)和特雷弗·斯旺(T. W. Swan)是新古典经济增长理论的代表人物。1956年,斯旺和索洛分别发表了《经济增长和资本积累》《对经济增长理论的一个贡献》两篇文章,它们为新古典经济增长理论奠定了基础。索洛的重要贡献是在1956年发表的文章中提出了著名的"索洛模型"。该模型以四个假定为前提:两种生产因素劳动力和资本是可以互相替代的;生产要素边际收益递减;规模收益不变;劳动力增长率、技术进步增长率和储蓄增长率均为外生给定的常数。其研究目的是人均资本存量是否在经济增长过程中保持均衡。模型的基本原理是:在假定前提下,只有资本是可以变动的,则人均收入的增长和资本边际收益均取决于人均资本的增加；由于生产要素边际收益递减，当资本的边际收益下降到一定程度时，人均收入趋于固定，所以，人均收入的增长仅在短期内保持；现实的情况是经济保持了长期增长，因此，索洛假定技术进步是一个保持稳定增长速度的外生变量，它可以抵消资本边际收益随人均收入增加而递减的趋势，这样人均积累会保持长期递增，人均收入持续增长。索洛模型的基本结论是：当经济处于均衡状态下，资本、总产出的增长率与劳动力增长率、技术进步率之和相等，人均产出、人均资本存量的增长率与知识增长率相等。假定技术进步率为零，新增加的人口将会消耗所有新增加的产量，这样，人均产量在稳定状态下将保持不变。

索洛模型在经济增长理论里的重要贡献：一是他将技术进步纳入模型中，将技术进步对经济增长的影响量化；二是索洛在分析美国经济增长时发现模型与现实存在差异，将没有被解释的经济增长部分称为"索洛余值"。

2.1.2.3 新经济增长理论

保罗·罗默（P. M. Romer）和罗伯特·卢卡斯（R. Lucas）是新经济增长理论的代表人物，该理论的核心研究是将技术进步作为内生变量，又被称之为"内生增长理论"。1962 年，肯尼斯·阿罗（K. J. Arrow）提出第一个内生增长模型——"干中学"。1986 年，罗默发表了《内生增长起源》，在文章中，他将技术进步内生化，将知识作为一个独立的生产要素，提出"知识外溢"模型；他认为由于知识的非竞争性，竞争中的企业通过知识资本增加自己的产出，也会使其他企业增加产出，而且其他企业所获取知识的边际成本为零。所以，罗默认为相对于知识溢出，企业的自主创新更重要，企业应该鼓励对知识的投资。罗默（1990）、格罗斯曼和赫尔普曼（G. M. Grossman & E. Helpman，1991）、阿格赫恩和豪威特（P. Aghion & P. Howitt，1992）共同构建发展了 R&D 模型，他们将 R&D 作为一项独立的中间活动，由 R&D 所带来的产出称为中间产品,格罗斯曼和赫尔普曼进一步将中间产品分为质量提高和种类增加两个部分,从两个角度分析中间产品对经济增长的促进作用。1988年,卢卡斯发表了《论经济发展机制》,提出了人力资本模型,人力资本与知识既有联系也有区别,人力资本需要通过人的主体学习积累而获得,具有竞争性,人力资本对经济增长的贡献要超过物质资本。因此,通过鼓励人们在学习和教育方面增加投资,最终将会促进经济增长。此外,新经济增长理论还提出了经济增长的收敛性,该理论认为不同国家之间的技术进步差异会导致他们的经济增长呈现发散的状态。

2.1.3 全要素生产率的相关研究

全要素生产率的发展研究是继美国数学家柯布（C. W. Cobb）和经济学家保罗·道格拉斯（P. H. Douglas）提出的著名的"柯布－道格拉斯"生产函数之后,对全要素生产率在经济增长方面的作用进行的定量研究。丁伯根（Tinbergen, 1942）把产出作为劳动投入、资本和时间的函数,提出了全面反映生产率指标的全要素生产率。乔治·斯蒂格勒（G. J. Stigler, 1947）首次测算了美国制造业的全要素生产率。索洛（1957）在先前研究者研究的基础上,认为索洛余值即是全要素生产率。丹尼森将索洛余值的测算方法进一步推进,愈加细化投入要素的分类。乔根森把资本投入和劳动力投入分解为质量与数量两部分,同时采用超越对数生产函数的研究方法来解释生产率的变动,乔根森在生产率理论和测度方法领域作出了突出贡献。全要素生产率理论认为在生产的过程中包含了实物资源（土地、劳动、资本等）和非实物资源（技术、创新、管理等）,最终实际产出的增长一部分是由投入的增长产生,而在这一部分之外所带来的产出增长就是全要素生产率增长。全要素生产率作为产出增长率扣除各要素投入增长率的产出效益后的余值,实质上是要素投入所不能解释的部分。随着全要素生产率研究向精细化发展,这个值将越来越小。

2.1.4 全要素生产率的测算方法

目前，测算全要素生产率的方法大致有两类：参数方法和非参数方法。其中，参数法需要假设具体的生产函数形式，而非参数法则不需要。参数方法包括索洛余值法、随机前沿生产函数法等，非参数方法包括指数法、数据包络分析法等。

2.1.4.1 索洛余值法

索洛在定量研究经济增长核算的过程中，将扣除资本和劳动的增长所实现的产出增长归结为技术进步的结果，后来肯德里克（J. W. Kendrick，1961）将其定义为全要素生产率。索洛余值法测度全要素生产率被许多文献采用，但其存在一定的缺陷：一是在进行全要素生产率的测度时需要设置函数形式，函数形式设置的错误会导致全要素生产率估算的偏误；二是忽视了技术无效率的影响；三是不能将全要素生产率进行分解，全要素生产率的测算是一个综合值；四是在测算过程中需要假定技术中性。

用资本存量表示资本投入，即为资本存量所能够提供的服务流；用从业人员代表劳动投入，即为用劳动力存量所能够提供的服务流。设总量生产函数为：

$$Y_t = A_t F(K_t, L_t) \qquad (2-1)$$

其中，A_t 为满足希克斯中性和规模报酬不变的技术变动，则全要素生产率增长率用公式表示为：

$$\frac{dA_t}{A_t} = \frac{dY_t}{Y_t} - \alpha \frac{dK_t}{K_t} - \beta \frac{dL_t}{L_t} \qquad (2-2)$$

由于索洛余值法没有给出总量生产函数的具体形式，因此，人们在实际应用中常采用的是 C－D 生产函数，也有使用 CES、VES 和超越对数生产函数的。

2.1.4.2 参数的随机前沿法

参数的随机前沿法首先由艾格纳等（Aigner et al., 1977）、缪森和布鲁克（Meeusen & Broeck, 1977）分别独立提出，他们认为由于存在随机扰动和技术非效率两种影响因素，生产会出现无效率而导致不能达到生产可能性边界，这为随机前沿法开创了先河。艾格纳等建立的随机前沿生产函数的模型为：

$$Y_{it} = f(X_{it}, \beta) e^{v_{it} - u_{it}} \quad (2-3)$$

$$TE_{it} = e^{-u_{it}} \quad (2-4)$$

其中，Y_{it}表示i地区t时期的产出，X_{it}表示i地区t时期的要素投入，v_{it}表示观测误差和其他随机因素，独立分布于$N(0, \sigma_v^2)$；u_{it}表示技术非效率所导致的误差，是随机扰动因素，其服从正态分布$N(m_{it}, \sigma_u^2)$；v_{it}和u_{it}二者之间是相互独立的。式（2-4）表示i地区t时期的技术效率水平。因此，可以得出：如果$u_{it} = 0$，$TE_{it} = 1$，则生产函数处于技术效率状态，位于生产前沿面上；如果$u_{it} > 0$，$0 < TE_{it} < 1$，则生产函数位于生产前沿面之下。

皮特和李（Pitt & Lee, 1981）及卡里扬（Kalirajan, 1981）通过两阶段回归法实证研究了模型中非技术效率所引起的误差的影响因素。两阶段回归的假定前后矛盾，所以，在对技术非效率的前沿生产函数模型估算时，昆巴卡等（Kumbhakar et al., 1991）提出了一个新的方法，假定给定适当的分布，同时估算生产函数与非效率模型，这样可以避免了两阶段回归假定前后矛盾的情况。本书根据昆巴卡等（2000）的分解法，进一步假定生产函数为：

$$Y_{it} = f(X_{it}, t) \exp(-u_{it}) \quad (2-5)$$

将生产函数关于时间t求导，为了阅读清晰，将下角标i和t省略，则求偏导数得出以下公式：

第 2 章 理论基础与文献综述

$$\frac{\dot{Y}}{Y} = \frac{\partial \ln Y}{\partial t} = \frac{\partial \ln f(X,t)}{\partial t} + \sum_j \frac{\partial \ln f(X,t)}{\partial \ln X_j} \times \frac{\partial \ln X_j}{\partial X_j} \times \frac{\mathrm{d}X_j}{\mathrm{d}t} - \frac{\partial u}{\partial t}$$

$$= \frac{\partial \ln f(X,t)}{\partial t} + \sum_j \varepsilon_j \frac{\dot{X}_j}{X_j} - \frac{\partial u}{\partial t} \qquad (2-6)$$

由式 (2-6) 可知,

$$\varepsilon_j = \frac{\partial \ln f(X,t)}{\partial \ln X_j} \qquad (2-7)$$

其中,ε_j 是投入 j 的要素产出弹性,$\dot{X}_j$ 是投入 j 的增长量,根据式 (2-6) 设定技术效率的变化率为:

$$\dot{EFF} = -\frac{\partial u}{\partial t} \qquad (2-8)$$

由于全要素生产率的增长率是产出增长率与投入增长率的差额,可得:

$$\frac{\dot{TFP}}{TFP} = \frac{\dot{Y}}{Y} - \sum_j s_j \frac{\dot{X}_j}{X_j} \qquad (2-9)$$

其中,s_j 是投入 j 的成本份额,将式 (2-6) 代入式 (2-9) 中,可得:

$$\frac{\dot{TFP}}{TFP} = \frac{\partial \ln f(X,t)}{\partial t} - \frac{\partial u}{\partial t} + (RTS - 1) \sum_j \lambda_j \frac{\dot{X}_j}{X_j} + \sum (\lambda_j - s_j) \frac{\dot{X}_j}{X_j}$$

$$(2-10)$$

其中,$\lambda_j = \frac{\varepsilon_j}{\sum_j \varepsilon_j}$,$RTS = \sum_j \varepsilon_j$ 是所有投入要素产出的弹性之和,即用来衡量产业的规模经济效率。根据式 (2-10),等号左侧为全要素生产率增长,而右侧按照顺序依次为技术进步增长、技术效率增长、规模效率增长和资源配置效率增长。由于在中国尚未形成正式的市场结构,实际计算中不能获得可靠的要素价格,即不能计算要素的支出比例,在此忽略资源配置效率。这样,全要素生产率增长的变化可以分解为:

$$\dot{TFP} = \dot{TE} + \dot{EFF} + \dot{SE} \qquad (2-11)$$

其中，$T\dot{F}P$、$\dot{T}E$、$E\dot{F}F$、$\dot{S}E$ 依次表示为全要素生产率增长、技术进步增长、技术效率增长和规模效率增长。

王等（Wang et al., 2002）运用蒙特卡罗数值模拟的方法得出结论是一步回归分析可以减少偏误，而两步回归的估计结果是有偏的，从而使一步回归得到了广泛应用。基于参数的随机前沿法的优点是允许随机误差项的存在，同时考虑了无效率项和随机扰动；其缺点是要事先设定函数形式，当前在采用随机前沿分析方法测算 TFP 时设定生产函数的形式主要有两类：一类是柯布—道格拉斯形式的生产函数，另一类是超越对数生产函数形式；并对无效率项的分布事先设定，因而当函数形式不正确的时候可能得出的结论不正确，并且对无效率项的分布也不一定服从预先的假设分布。

2.1.4.3 指数法

指数法是一种非参数的生产率分析方法，是用产出指数与投入要素之比来度量全要素生产率指数，测量方法有 Laspeyres 指数和 Tornqvist 指数。两种指数的优点是计算量很小，同时不需要估计函数形式，只需要数量和价格两个指标就可以计算，但前提是价格数据必须是可靠的或者可得的，否则不能用这两种指数来计算全要素生产率。

肯德里克（1961）和丹尼森（1962）通过统计学方法开创了测算全要素生产率的指数法，随后乔根森和格里利切（1967）将其发展并逐渐成熟。全要素生产率指数是指在一定时期内，一个生产单元的总产出和总投入之比，用公式可表示为：

$$TFP_{st} = \frac{Y_t/Y_s}{X_t/X_s} \qquad (2-12)$$

其中，s 表示基期，t 表示当期，Y 表示产出，X 表示投入。

通过全要素生产率指数的定义可以发现，提高技术进步、技术效率和规模效率等能够推动全要素生产率的增长，并且对全要素生产率指数的度量必须转化为对总投入和总产出指数的计算。由于生产单元在现实

第 2 章 理论基础与文献综述

中大都是多投入多产出，需要使用综合指数来度量，经常使用的指数有 Laspeyres 指数、Passche 指数、Fisher 指数和 Tomqvist 指数。

1967 年，乔根森和格里利切发表了《生产率变化的解释》一文，该文成为生产率理论发展的一个里程碑。遵循新古典生产理论，他们以索洛增长模型为基础引入了超越对数生产函数的形式。1982 年，德沃特（Diewert）证明与超越对数生产函数对应的是离散的 Tornqvist 指数，也就是说，作为精确指数的 Tornqvist 指数，超越对数生产函数被认为是对其他函数形式的很好的二阶近似。所以，选择 Tornqvist 指数度量全要素生产率是正确的。

2.1.4.4 DEA–Malmquist 指数法

用具有最优性质的投入或产出所表示的生产函数构建生产前沿面，通过生产过程中实际值与最优值二者的比较得出全要素生产率的方法称之为生产前沿面法。根据生产前沿面的不同构造方法，生产前沿面法可分为随机前沿生产函数法和确定性生产前沿模型法两类方法，其中，数据包络分析（Data Envelopment Analysis，DEA）是确定性生产前沿模型法的代表。数据包络分析—曼奎斯特（DEA–Malmquist）指数法在构建生产前沿面时采用了非参数的分析方法，并运用线性规划方法来测算全要素生产率，是目前较为常用的非参数前沿效率分析方法。DEA–Malmquist 指数法作为一种投入产出效率研究方法，已经与传统计量经济方法并驾齐驱。Malmquist 指数可以进一步分解，分解为技术进步指数、技术效率指数，同时，技术效率指数还可以分解为纯技术效率指数和规模效率指数，通过测算的结果分析生产率增长的路径。

1953 年，瑞典经济学家曼奎斯特（S. Malmquist）在构造消费数量指数时首次提出采用缩放因子之比，即在给定消费组合的前提下，为了达到某一无差异曲面，缩放因子所需要放大或者缩小的倍数，这就是 Malmquist 指数的雏形。同年，谢帕德（Shephard）在生产分析中提出了距离函数,二者是相互对应的。1957年,英国经济学家法瑞尔(Farrell)在分析英国农业生产力时提出了技术效率概念以及包络思想。由于他们均没有找到如何度量的方法,他们的观点在学术界最初没有引起关注。1978年,美国运筹学家查纳斯等(Charnes et al.)首次提出的DEA是一种使用线形规划来评价效率的方法,更适合于研究多投入多产出的边界生产函数,并提出了投入和规模报酬不变模型。随着技术效率这一概念的广泛应用,1982年,凯夫斯等(Caves et al.)将Malmquist消费指数运用到生产的理论分析中,并将其命名为Malmquist生产率指数,即是现在统称的Malmquist指数。1984年,班克、查恩斯和库珀(Banker,Charnes & Cooper)进一步提出了可变规模报酬模型。在DEA方法的基础上,1994年,菲尔等(Färe et al.)将Malmquist指数由理论指数应用为实证指数,同时将其进一步分解为技术进步、技术效率和规模效率的变动。1997年,瑞和戴斯利(Ray & Desli)对Färe等提出的模型进行了修正。1999年,格里菲尔·塔杰和洛威尔(Grifell-Tatjé & Lovell)提出了广义Malmquist指数。2003年,Lovell对Malmquist指数分解进行了理论研究。

DEA模型假设有 n 个决策单元(Decision Making Units,DMU),每个决策单元都有 m 种类型输入(表示对"资源"的耗费)以及 s 种类型输出(表示消耗了"资源"之后表明"成效"的信息量)。用 x_{ij0} 和 y_{rj0} 分别表示第 j_0 个决策单元 DMU_{j0} 的第 i 种输入和第 r 种类型输出,在基于凸性、锥性、无效性和最小性的公理假设的情况下,DEA模型具有的生产可能集合为:

$$T = \left\{ (X,Y) \mid \sum_{j=1}^{n} X_j \lambda_j \leq X, \sum_{j=1}^{n} Y_j \lambda_j \geq Y, \lambda_j \geq 0, j=1,2,\cdots,n \right\}$$

(2-13)

由此得到的DEA模型又被称为CCR模型,主要用于评价DMU规模技术的相对有效性。

$$\min \left[\theta - \varepsilon \left(\sum_{i=1}^{m} S_i^- + \sum_{r=1}^{s} S_r^- \right) \right] \quad (2-14)$$

第 2 章 理论基础与文献综述

s. t.

$$\sum_{j=1}^{n} x_{ij}\lambda_j + S_i^- = \theta x_{ij}, i \in (1,2,\cdots,m)$$

$$\sum_{j=1}^{n} y_{rj}\lambda_j - S_i^+ = y_{rj0}, r \in (1,2,\cdots,s) \quad (2-15)$$

$$\theta, \lambda_j, S_i^-, S_r^+ \geq 0, j = 1,2,\cdots,n$$

式（2-15）中，S_r^+、S_i^-分别为松弛变量，ε为非阿基米德无穷小，一般取$\varepsilon = 10^{-6}$，式（2-15）的经济学意义是：λ_j将各个有效点连接在一起形成有效前沿面，不足量S^{-0}或者过剩量S^{0+}使有效前沿面沿着水平或者垂直方向延伸，形成包络面。θ表示 DMU 距离包络面的投影。当$\theta^0 = 1$，$S^{-0} = 0$，$S^{+0} = 0$时，认为 DEU_{j0} 为 DEA 有效；当$\theta^0 = 1$，$S^{-0} \neq 0$，$S^{+0} \neq 0$时，认为 DEU_{j0} 为弱 DEA 有效；当$\theta^0 < 1$，$S^{-0} \neq 0$，$S^{+0} \neq 0$时，认为 DEU_{j0} 为非 DEA 有效。若存在λ_j，使$\sum_{j=1}^{n}\lambda_j = 1$，则 DEU_{j0} 为规模效益不变；若$\sum_{j=1}^{n}\lambda_j < 1$，则 DEU_{j0} 为规模效益递增；若$\sum_{j=1}^{n}\lambda_j > 1$，则 DEU_{j0} 为规模效益递减。

DEA - Malmquist 指数法有其自身的优缺点：优点是不必假定生产函数、无效率项的分布，可以直接采用决策单元的实际观测数据，运用线性规划分析方法将决策单元组合构造最佳实践前沿面，以此来测算决策单元的相对效率；缺点是没有考虑随机误差的影响，导致影响前沿面上的效率数值的最终结果。

2.1.5 全要素生产率的分解

我们可以根据凯夫斯等（1982）的理论，将 t 期和 $t+1$ 期的 Malmquist 生产函数表示为以下形式：

$$M_t(x^t, y^t, x^{t+1}, y^{t+1}) = \frac{D_C^t(x^{t+1}, y^{t+1})}{D_C^t(x^t, y^t)} \quad (2-16)$$

$$M_{t+1}(x^t, y^t, x^{t+1}, y^{t+1}) = \frac{D_C^{t+1}(x^{t+1}, y^{t+1})}{D_C^{t+1}(x^t, y^t)} \quad (2-17)$$

用 M_{t-1}, M_t 的几何平均数表示 Malmquist 综合生产指数：

$$M(x^t, y^t, x^{t+1}, y^{t+1}) = [M_t \times M_{t+1}]^{\frac{1}{2}}$$

$$= \left[\frac{D_C^t(x^{t+1}, y^{t+1})}{D_C^t(x^t, y^t)} \times \frac{D_C^{t+1}(x^{t+1}, y^{t+1})}{D_C^{t+1}(x^t, y^t)} \right]^{\frac{1}{2}} \quad (2-18)$$

菲尔等（1994）提出假定在规模收益不变的情况下，Malmquist 指数可以分解为技术进步和技术效率两部分：

$$M(x^t, y^t, x^{t+1}, y^{t+1}) = \frac{D_c(x^{t+1}, y^{t+1})}{D_c^{t+1}(x^t, y^t)} \left[\frac{D_c^t(x^{t+1}, y^{t+1})}{D_c^{t+1}(x^{t+1}, y^{t+1})} \times \frac{D_c^t(x^t, y^t)}{D_c^{t+1}(x^t, y^t)} \right]^{\frac{1}{2}}$$

$$(2-19)$$

从 t 期到 $t+1$ 期的技术效率变化由式（2-19）等号右边的第一个分式表示，即不同时期的实际产量与生产可能性边界之间的距离；从 t 期到 $t+1$ 期的技术进步变化由式（2-19）等号右边第二个分式表示，即反映的是不同时期技术前沿面的移动。因此，全要素生产率还可以这样表示：

$$TFPCH = EFFCH \times TECHCH \quad (2-20)$$

其中，TFPCH 表示全要素生产率，EFFCH 表示技术效率，TECHCH 表示技术进步。雷和戴斯利（Ray & Desli, 1997）提出假定在规模收益可变的情况下，可以对技术效率进一步分解，即在式（2-19）中加入可变规模收益下的产出距离函数，则技术效率（EFFCH）可以进一步分解为纯技术效率（PECH）和规模效率（SECH）。最后，全要素生产率的具体表现形式为：

$$TFPCH = M(x^t, y^t, x^{t+1}, y^{t+1})$$

$$= \frac{D_C^{t+1}(x^{t+1}, y^{t+1})}{D_C^t(x^t, y^t)} \times \left[\frac{D_C^t(x^t, y^t)}{D_C^{t+1}(x^t, y^t)} \times \frac{D_C^t(x^{t+1}, y^{t+1})}{D_C^{t+1}(x^{t+1}, y^{t+1})} \right]^{\frac{1}{2}}$$

$$\times \frac{D_C^{t+1}(x^{t+1}, y^{t+1})/D_V^{t+1}(x^{t+1}, y^{t+1})}{D_C^t(x^t, y^t)/D_V^t(x^t, y^t)}$$

$$= TECHCH \times PECH \times SECH \quad (2-21)$$

其中，TECHCH 表示技术进步的变化情况，PECH 表示纯技术效率的变

第 2 章　理论基础与文献综述

化情况，$SECH$ 表示规模效率的变化情况，它们是构成全要素生产率的三要素。纯技术效率的变化是实际产出与可变规模收益生产前沿上产出的比值；规模效率的变化则是指依据生产前沿，投入要素向最优投入—产出规模方向的变化。经过以上的分解，通过式（2-21）既可以测算出饮料制造业全要素生产率的总体变化水平，还能够测算出其各个组成部分的变化。

我们可以把全要素生产率指数进行分解，具体组成部分如图 2-1 所示。

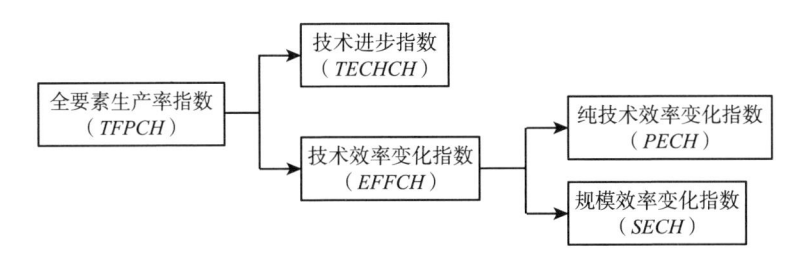

图 2-1　全要素生产率的 Malmquist 指数及其分解

2.2　全要素生产率及影响因素的文献综述

目前，提高全要素生产率是我国供给侧改革的核心内容，国内学者关于全要素生产率的研究范围涵盖了国家、省域、产业和企业等，由于本书研究饮料制造业全要素生产率测算及其影响因素，文献主要从产业全要素生产率测度、产业影响因素两个角度进行回顾和分析。

2.2.1　全要素生产率测度文献综述

从制造业角度研究全要素生产率的文献相对较多，如宫俊涛等（2008）以 1987~2005 年中国 28 个省份的制造业为研究对象，用数据包络分析方法分析全要素生产率的变动情况，发现全要素生产率在1987~2002年整体没有变化，其中在1988年、1989年、1990年、1994年、1995年、1996年、1997年这7年增长为负；技术效率对各省制造业全要素生产率所起的作用为负，而技术进步才是其提高的根本。李丹和胡小娟（2008）以1999~2005年中国制造业28个行业为研究对象，采用数据包络分析方法来研究其全要素生产率水平，发现制造业全要素生产率呈现出上升趋势，同时发现各行业内外资企业的全要素生产率具有显著不同。杨汝岱（2015）从企业层面研究1998~2009年中国制造业企业全要素生产率的动态变化，发现制造业整体TFP的增长速度在2%~6%，年均增长为3.83%。与此同时，还有其他学者从影响制造业全要素生产率的影响因素进行分析，如有通过效率增进、技术进步研究制造业内外资企业全要素生产率的增长（严冰，2008），有通过产业集聚对区域制造业全要素生产率的分析（朱英明，2009），有研究进口种类对制造业全要素生产率的影响（钱学锋等，2011），有通过产业间、国际贸易和FDI三种溢出渠道分析中国制造业全要素生产率的影响（孙晓华等，2012），还有通过资源配置效率和平均生产率分析国有与非国有制造业的全要素生产率（龚关和胡关亮，2015）。

从服务业角度对全要素生产率的研究，如杨向阳和徐翔（2006）以中国30个省份的服务业为研究对象，采用数据包络分析方法，分析了1990~2003年服务业的全要素生产率，发现中国服务业全要素生产率的增长率为0.12%，其主要原因是技术进步。同时，全要素生产率增长率在东部、中部、西部三个地区之间以及各个地区的内部服务业存在差异。杨勇（2008）采用增长核算方法研究了中国服务业从1952~2006年的全要素生产率的变动趋势，发现服务业的全要素生产率总体水平偏低，而推动服务业发展的主要动力为资本要素投入。刘兴凯和张诚（2010）采用数据包络分析方法，测算了时间跨度从1978~2007年中国省级服务业的全要素生产率，发现中国服务业全要素生产率在改革开放后呈现递减式上升态势；不同区域的全要素生产率增长及其主要动力存在差异，各地区的全要素生产率增长呈现出长期的收敛趋势。陈艳莹和王二龙（2010）基于中国 23 个省份 2004~2010 年的面板数据构建了中介效应模型，研究发现我国正规要素市场在转轨时期出现扭曲，生产性服务企业获取生产要素出现畸形，导致经营目标的短期化，从而间接抑制了全要素生产率及其提升。王美霞和樊秀峰等（2013）以 1995~2009 年中国 30 个省会城市的生产性服务业作为研究对象，分析其全要素生产率的增长变化和收敛性，研究发现全要素生产率的增长率显著为正值且增长呈现出收敛的特征。赵爽和李春艳（2017）以 2006~2014 年中国 30 个省级层面的城市化水平作为研究对象，分析其对服务业全要素生产率的影响，发现二者是正相关的关系，即通过服务业全要素生产率的提高有利于该行业持续健康的发展。

从省级角度研究全要素生产率的文献，如颜鹏飞和王兵（2004）采用 DEA 方法测算了从 1978~2001 年中国 30 个省份的全要素生产率及分解，研究发现：技术效率的提高是中国整体全要素生产率增长的主要因素；1992 年以后，各省生产率差异的主要影响因素是技术进步；技术进步的减速影响了 1997 年之后的全要素生产率；全要素生产率、技术进步和技术效率的提高均受人力资本和制度因素的影响。姚耀军（2012）采用 Malmquist 指数法，以中国省级面板数据以及全国、沿海、内陆地区为样本，从金融角度研究了 1997~2008 年全要素生产率增长，发现：TFP 增长指数总体变化平稳，技术进步以 2004 年为拐点，先上升后下降，而技术效率以 2006 年为拐点，先下降后上升；按照区域分析，沿海较内陆地区具有优势，除 2000 年沿海地区的 TFP 增长指数较高，而技术进步指数在 2004 年开始缩小与内地的差距，技术效率指数在 1997~2003 年地区间出现收敛，在 2004 年开始发散，但是在 2008 年差距开始缩小；金融发展通过技术进步促进全要素生产率增长。陈启斐和吴建军（2013）采用 Malmquist 指数法，测算了从 1999~2011 年中国 31 个省份的全要素生产率，并实证分析了中国金融业发展与技术进步二者之间的关系，研究发现：中国金融业发展在结构性扭曲和行政壁垄的制约下，仅对中国工业的全要素生产率具有促进作用；产业结构变迁能够提升总体的全要素生产率；通过扩大内需能够提高技术进步。唐未兵等（2014）测算了从1996~2011年中国28个省的全要素生产率，并采用动态面板GMM方法对技术创新和技术引进对全要素生产率的影响进行检验，发现：在对外开放过程中，外资技术溢出和模仿效应能够提高全要素生产率的增长，而技术创新则抑制其增长。白重恩和张琼（2015）采用增长核算法和DEA法，测算了从1978~2013年中国及各省的全要素生产率及分解，同时分析了影响生产率变动的因素，发现对外开放程度、研发强度、就业参与率与生产率显著正相关，收入水平、存货规模、投资率、政府干预与生产率则显著负相关。王芳和李健（2015）将劳动效率加入劳动投入变量，采用RD-Malmquist指数模型测算了从1993~2012年中国28个省份的全要素生产率，研究发现：在研究的区间内，技术进步对中国全要素生产率的增长趋势起到了主要作用，自2005年起技术效率成为中国全要素生产率的又一驱动力。尹向飞和段文斌（2016）采用对偶理论和DEA模型，测算了从1992~2011年中国30个省份的全要素生产率及分解，研究发现：技术进步是大多数地区全要素生产率增长的主要动力，而技术进步增长的主要动力是劳动力的技术进步；大多数地区的技术效率增长为负，其主要原因是资本技术效率的改进；1998年以后，东部、中部、西部地区之间的全要素生产率和技术进步增长的差距来源于资本的效率差距。赵昕东和李林（2016）采用DEA-Malmquist指数法，从劳动力老龄化角度研究了中国29个省份从1990~2010年的全要素生产率，研究发现：劳动力老龄化与全要素生产率呈现倒"U"型关系。杨勇和李忠民（2017）采用DEA-Malmquist指数法，从要素市场化角度测算了从1999~2013年中国31个省份工业企业的全要素生产率及分解，研究发现：中国各地区工业企业的全要素生产率增长源于技术进步，要素市场化与各地区的工业企业的全要素生产率显著正相关。余泳泽（2017）通过资本折旧率和劳动力投入质量的两个异质化角度，采用SFA方法测算了中国29个省份从1978~2012年的全要素生产率及分解,研究发现:中国全要素生产率在异质化视角下的年均增长幅度为2.39%,技术进步和规模效率是其主要动力;产能过剩是近年来中国全要素生产率水平较低的主要根源;省际间全要素生产率的收敛速度减缓,而技术进步的收敛趋势渐弱,技术效率和规模效率的收敛性明显。马洪福和郝寿义(2018)采用反事实分析法,测算了从1978~2015年中国28个省市的全要素生产率,研究发现:中国总体的全要素生产率的年均增长率为5.83%,其增长整体呈现出"东高西低—中部减缓—东北停滞"的态势;对全要素生产率增长的贡献,中性技术进步的作用在不断提高,而偏技术进步所起到的作用为负。

从城市角度研究全要素生产率的文献,如刘秉镰和李清彬(2009)采用 DEA-Malmquist 指数法,测算了从1990~2006年中国196个城市的全要素生产率,研究发现:城市全要素生产率的年均增长率为2.8%,技术进步是其主要动力,而技术效率抑制其增长;样本期间城市全要素生产率变化呈现波动;从区域角度分析,东部城市全要素生产率增长最优(4.6%),东部地区增长最弱(1.0%),西部(2.8%)和中部(2.2%)居中。程中华和于斌斌(2014)采用 ML 生产率指数法,从产业集聚视角实证研究从2003~2012年中国285个城市绿色全要素生产率,研究发现:中国中部城市的绿色全要素生产率高于东部,整体的空间相关性呈现上升趋势;市场潜能与生产性服务业集聚能够促进城市绿色全要素生产率的增长,而制造业集聚起到与之相反的作用。王艺明等(2016)采用 SFA 和 DEA-Malmquist 指数两种方法,实证分析了中国从2000~2013年的255个城市的全要素生产率、分解及影响因素,研究发现:两种测算结果显示城市全要素生产率及分解指数增长趋势逐年下降,技术效率的下降是其主要原因,规模效率和纯技术效率均抑制了全要素生产率增长。王德祥和薛桂芝(2016)采用 SFA 法测算了从1998~2013年中国233个城市的全要素生产率及分解,同时对规模效率进行了分解,研究发现:样本研究期间,技术进步的不显著导致城市

全要素生产率累计下降 12.16%；从不同区域和城市层级两个角度，技术效率累计提高了 17.08%，东部的改进状态高于西部地区，城市级别越高改进状态越好，呈现出了"马太效应"；规模效率是抑制全要素生产率增长的主要因素。卢丽文等（2017）以长江流域的 108 个城市为样本，采用 DEA 模型的 Malmquist—Luenberger 指数测算了从 2003～2013 年城市绿色全要素生产率，研究发现：样本的绿色全要素生产率的年均增长率为 13.55%，但存在"中部塌陷"现状；技术进步与规模效率是其增长的主要动力；大部分城市的资源配置效率较低，纯技术效率呈下降趋势。董旭和吴传清（2017）采用 DEA - Malmquist 指数法，测算了中国 35 个主要城市从 2000～2014 年的全要素生产率及分解，研究发现：样本期间，中国城市全要素生产率年均增长率为 2.6%，技术效率是推动全要素生产率增长的主要动力，其中大部分城市的全要素生产率得到了改善；城市全要素生产率变动呈现波动趋势；从城市级别角度分析，城市级别越高其全要素生产率增长幅度越大；从区域角度分析，西部城市提高幅度最大，而东部城市提高幅度最小，中部和东北部则居中。李健和盘宇章（2018）采用 DEA 方法实证测算了中国从 2000～2013 年 261 个城市的全要素生产率，进一步分析了区域城市全要素生产率增长的收敛性，研究发现：城市总体全要素生产率的年均增长为 3.1%，技术效率是其增长的原动力；东部、中部、西部三个地区的城市全要素生产率增长的变动趋势与中国整体变动趋势相一致。王凯风和吴超林（2018）采用 DEA 模型和 Global Malmquist - Luenberger 指数，在环境约束条件下，测算从 2003～2013 年中国 285 个城市的环境全要素生产率及分解，研究发现：在样本研究期间，城市全要素生产率累计增长 14.47%，低于传统的全要素生产率增长，环境技术进步是其增长的主要动力，环境技术效率则抑制其增长；城市环境全要素生产率累积增长水平呈现出由东向西减弱，意味着尽管各地区生产率增长在提高，但是区域差距在逐步扩大。

综上所述，我们知道国内学者对制造业和服务业的全要素生产率进行了相对较多的研究,但在饮料制造业方面的研究相对匮乏;仅有的研究中往往把研究对象集中在国家、省级、城市和企业层面,但是饮料制造业从省级层面进行分析的研究并不多。

2.2.2 全要素生产率影响因素文献综述

目前,国内外学者关于全要素生产率影响因素的分析有很多,但是学术界没有形成一套公认的研究生产率影响因素的理论体系,学者们根据研究的需要和数据的可得性选择全要素生产率的影响因素。笔者依据饮料制造业的数据可得性和实现样本研究的全面性,从消费率、市场规模、企业购买、人力资本和政府财政投入等11个影响因素的相关文献进行了简单评述。

消费是拉动经济持续稳定增长的"三驾马车"之一,消费增长率、消费规模、消费结构等均会影响经济发展,其中消费增长率更为直接地影响经济水平的提升。国外的研究有:堀冈(C. Y. Horioka,2006)、莫夫拉德(M. A. Mofrad,2012)分别实证分析了日本、伊朗的消费率与经济增长的关系,认为消费率促进一个国家的经济增长;穆尼尔和曼苏尔(Q. Munir & K. Mansur,2009)从理论角度论证了消费增长率能够提高经济增长。国内的研究有:赵振全和袁锐(2009)、阙澄宇和马斌(2010)、荆林波和王雪峰(2011)、马永军(2014)、欧阳崎和傅元海等(2016)通过实证研究了国家、地区消费水平与经济增长的关系,研究发现:消费水平的提高会促进经济增长,二者是正向关系。张治觉和吴定玉(2011)、蔡德容和张鑫等(2015)、刘金全和王俏茹(2017)实证研究发现:我国消费率与经济增长率之间呈现倒"U"型关系。综上,消费增长率能够促进全要素生产率的增长。

市场规模可以衡量产品在市场中的竞争优势,提高国内市场占有率可以扩大内需、刺激消费潜力,不断扩大国内市场的规模是促进经济增长的内生动力。党的十八大政府工作报告曾明确指出:"要牢牢把握扩大内需这一战略基点，加快建立扩大消费需求长效机制，扩大国内市场规模。"斯密（1776）在《国富论》中提出了"市场范围"假说，诠释了市场规模与生产率之间的关系：市场规模能够促进生产率的提升。阿尔弗雷德·马歇尔（Alfred Marshall，2005）认为市场规模的扩大能够给企业带来更多的利润。保罗·克鲁格曼（P. R. Krugman，1980）在新经济地理理论中提出"本土市场效应"模型，该模型说明一国本土的超常需求会带来生产效率的提高和生产率的提高。戴维斯和温斯坦（Davis & Weinstein，2003）、布吕哈特和特里安菲蒂（Brülhart & Trionfetti，2005）对不同国家进行实证分析，得出了市场规模能够促进生产率的结论。国内的研究有：张帆和潘佐红（2006）、范剑勇和谢强强（2010）等认为市场效应能够提升生产率、产业发展效率；范红忠（2007）从跨国层面检验了市场需求的增加会引致技术创新；陈丰龙和徐康宁（2012）、冯伟（2014）研究了本土市场规模与全要素生产率的关系，认为本土市场规模对生产率和技术进步具有阶段性特征。综上，市场规模扩大能够促进全要素生产率的增长。

产品的市场竞争能够刺激企业降低成本，加大研发力度，提高产出。中国政府考核地区、行业和企业的经济效益综合指数之一是产品销售率，在1992年由国家统计局等三部门联合下发了《关于改进工业经济效益指标体系及考核办法》，文件中将其作为工业经济效益综合指数之一。一般认为，这个比值越高说明产品符合社会需求，产品库存较少，资金周转率较快。尼克尔（Nickell，1996）研究英国公司发现产品市场竞争程度与全要素生产率的增长正相关。亚努谢夫斯基等（Januszewski，2002）通过研究德国企业发现产品市场竞争对公司的生产率提高具有促进作用。周应恒和杜飞轮（2005）实证分析了中国软饮料行业的市场结构现状，结果表明：中国软饮料行业的产品销售率能够扩大市场容量，提高产量。李春霞（2016）通过对上市企业的研究发现产品市场竞争总体上有利于上市企业全要素生产率的提高。徐茗丽等（2016）通过对中国工业企业研究发现产品的市场竞争在提升民企

第 2 章 理论基础与文献综述

生产率的同时降低了国企生产率。综上，产品的市场竞争程度加剧能够提升全要素生产率的增长。

企业单位数是一个地区在一定时期内（一般为一年）某个产业所拥有的规模以上的工业企业数。关于企业单位数对产业全要素生产率的影响有两种结论：雷鹏（2011）、董桂才和朱晨（2013）研究发现工业企业数量增长率与全要素生产率的正相关性最为显著；程贵孙和朱浩杰（2014）、朱江丽和徐爱燕（2016）研究发现企业数量显著地抑制了市场绩效的提高。企业单位数对饮料制造业全要素生产率的影响不能确定。

一般来说，企业规模越大技术效率越高，企业规模是企业生产效率的重要因素。但是，根据经济学理论，企业规模对生产效率的影响有三种表现：规模收益递增、不变和递减。那么，企业规模对生产效率的影响方向并不能确定。所以，国内学者关于企业规模对经济增长影响的研究结论有四种：吉生保和席艳玲（2011）以中国食品饮料行业上市公司为样本、于海龙和李秉龙（2012）以中国乳业产业为样本、梁健娟和曾光（2014）以中国饮料制造业整体以及13个四位数行业为样本，实证发现规模较大的企业能够提高生产效率；刘小玄（2000）、徐盈之和赵毅（2007）、孙晓华和王昀（2104）实证研究发现企业规模与技术效率发生反方向变化；彭征波（2007）、聂辉华等（2008）认为企业规模与创新投入有显著的正相关，但是企业规模和创新之间存在倒"U"型关系；张海洋和金则杨（2017）研究发现企业规模对新产品的全要素生产率以及技术效率影响不显著，对技术进步具有抑制作用。综上，企业规模与全要素生产率增长的关系不能确定。

市场化程度（非国有企业在产业中的比重）对全要素生产率提高的贡献率高达39%，显著地改善了资源配置的效率。樊纲等（2011）认为市场化程度和对外经济开放是中国社会经济发展的两条主线。谢和克莱诺（C. Hsieh & P. J. Klenow, 2009）研究表明：如果中国市场化水平能够达到美国水平，中国企业的全要素生产率将会提升30%~50%。

国内学者的研究结果也不完全相同：章祥荪和贵斌威（2008）、刘智勇和胡永远（2009）、毛其淋和许家云（2015）、苏锦红等（2015）、吴利学等（2016）、苏明政和张庆君（2017）的研究结果认为市场化程度的加深会改善生产要素的使用效率和配置效率，提高经济整体的生产效率，市场化程度与全要素生产率显著正相关；马荣（2011）通过对中国国有企业全要素生产率实证研究发现国有企业的技术进步和全要素生产率水平具有绝对优势；吕健（2013）选择中国31个地区省级层面的金融业为样本，实证研究发现：在不同时间段，市场化与金融业全要素生产率的关系是不同的。综上，市场化程度的加深对全要素生产率增长具有促进作用。

人是生产力的主体，人力资源的思想观念、身体素质、文化素质等会直接影响产业的经济增长。千庆兰和陈颖彪（2007）、刘生龙（2014）研究发现：人力资本作为直接投入可以直接促进经济增长，通过溢出效应还可以间接促进经济增长，同时，人力资本对经济增长的影响远远小于对全要素生产率的影响。格罗斯曼和赫尔普曼（G. M. Grossman & E. Helpman，1991）、张世伟等（2017）研究发现：个体教育投资回报率的提高会促进个体增加教育投资，较高的教育水平能够带来较高的生产率水平，促进经济增长。胡永远和刘智勇（2004）、彭国华（2007）、刘智勇和胡永远（2008）、陈仲常和谢波（2013）、孙一菡等（2017）研究发现：平均人力资本、基础教育人力资本对全要素生产率为负相关关系，而受过高等教育的人力资本能够积极地促进全要素生产率。所以，产业全要素生产率的提高需要的是受过高等教育的人力资本，平均人力资本抑制全要素生产率的提高。综上所述，人力资本对全要素生产率增长具有抑制作用。

基础设施可以反映出一个国家或地区经济发展的现状和潜力，交通基础设施作为三大基础设施之一，直接对其投资可以促进经济增长，交通网络的形成通过规模经济效应和跨区域溢出效应间接促进经济增长。30年来，交通基础设施的快速建设与发展在中国"经济奇迹"的创造

第 2 章 理论基础与文献综述

中起到了重要作用。布朗齐尼和皮塞利（Bronzini & Piselli，2009）研究发现：意大利公共基础设施与本地区的全要素生产率存在长期均衡关系，相邻地区基础设施对生产率水平具有正向影响。刘秉镰等（2010）、刘玉海和吕坤（2010）、马越越（2016）研究发现：交通基础设施与中国地区间的全要素生产率显著正相关。刘建国（2014）认为基础设施与区域经济的全要素生产率是相互影响的。综上，交通基础设施水平的改善能够促进全要素生产率的增长。

金融发展能够促进经济增长，其原因是健全的金融市场和有效的金融机构可以促进资金合理分配，降低企业资金交易成本，为企业评估后规避风险；反过来，全要素生产率的提高可以优化产业结构，促进金融发展。金和莱文（King & Levine，1993）、Levine（1997）、莱文和泽尔沃斯（Levine & Zervos，1998）、里奥哈和瓦尔韦（Rioja & Valev，2004）等认为金融发展对经济增长或全要素生产率有积极影响。张军和金煜（2005）、姚耀军（2012）、李健和卫平（2015）、黄燕萍（2016）、王伟和孙芳城（2017）实证研究发现：金融发展显著地促进了中国全要素生产率的提高。许文彬和张丰（2014）认为金融市场的发展对全要素生产率的影响较小，通过提高金融中介机构的效率会显著地促进全要素生产率的提高。张健华等（2016）研究发现：当信贷环境较好，信贷资源供给较低时，银行业集中度下降有利于提高全要素生产率增长。孙国茂和孙同岩（2017）研究发现：山东省的金融发展与全要素生产率的提高是双向因果关系。综上，金融发展加深能够促进全要素生产率的增长。

政府财政投入与经济增长二者之间的关系研究始于 19 世纪末，近 20 年来，这方面的研究再次成为学术界的热点。尼茨坎普和波特（Nijkamp & Poot，2004）认为政府财政投入的时间越长，未来在经济体可以获得更高的回报率，同时还会对经济增长具有更大地促进作用。一般来说，从生产角度划分，人们通常把政府财政支出分为生产性支出和非生产性支出，生产性支出是政府的投资支出，可以分为财政基础建设支出、财政教育支出和财政科研支出，非生产性支出又称之为政府消费支出。从预算角度划分，政府财政支出分为预算内支出和预算外支出。从责任角度划分，政府财政可以分为经济性支出、社会性支出和维持性支出。政府财政支出对全要素生产率增长的作用说法不一，促进和抑制两种结论都有学者提出。郭庆旺等（2003）以1978~2001年作为研究时间段，实证研究发现：财政总支出抑制了经济增长。郭庆旺和贾俊雪（2005）、刘洪和金林（2012）实证研究发现：政府财政支出促进了经济增长，但是研究的时间样本不同，有显著与不显著影响的区别。谭光荣等（2016）、梁伟健和张乐（2017）研究发现加大财政教育支出有利于全要素生产率增长。郭庆旺和贾俊雪（2009）分析了中国分税制改革之后各省财政支出对地区经济的影响，研究发现：预算内支出、经济性支出显著地抑制了地区经济增长，维持性支出显著地促进了地区经济增长。综上，政府财政投入的增加对全要素生产率的增长具有抑制作用。

研发经费的投入是提高技术创新能力的根本途径，能够促进经济发展方式的转变，提高产业竞争力。技术创新是竞争力的核心内容，技术创新可以直接提高产业的技术进步，通过对技术创新的吸收还可以提高技术效率，技术进步和技术效率共同促进产业全要素生产率的增长，从而增强产业竞争力。技术创新的支持可以来自企业自己的研发经费、民间的支持，还可以来自政府的支持——政府财政支出中投入到研究与发展的那部分资金。国内学者关于政府研发经费与全要素生产率的关系得出了不同结论：王艺明等（2016）、宋丽颖和张伟亮（2017）通过对中国地级市层面全要素生产率影响因素的研究，发现政府研发经费投入与全要素生产率显著正相关；谭光荣等（2016）通过对企业层面的研究发现各省政府的研发经费没有促进地区企业的全要素生产率提高；郭庆旺和贾俊雪（2005）、孙一菡等（2017）研究发现政府研发投入不显著抑制了全要素生产率的提高。综上，我们倾向于政府研发经费投入会抑制全要素生产率的增长。

2.3 饮料制造业相关研究综述

2.3.1 饮料制造业概念界定

制造业是指对制造资源（物料、能源、设备、工具、资金、技术、信息和人力等），按照市场要求，通过制造过程，转化为可供人们使用的大型工具、工业品与生活消费产品的行业。根据《国民经济行业分类》（GB/T4754－2017），在制造业门类下分为31个两位数行业，是指通常统计年鉴中、规模以上工业统计中的31个大门类，即农副食品加工业、食品制造业、饮料制造业和烟草加工业等。

饮料制造业（beverage industry）包括酒的制造、饮料制造2个两位数行业，下面具体还有13个四位数行业。酒的制造包括酒精制造、白酒制造、啤酒制造、黄酒制造、葡萄酒制造和其他酒制造；饮料制造包括碳酸饮料制造、瓶（罐）装饮用水制造、果菜汁及果菜汁饮料制造、含乳饮料和植物蛋白饮料制造、固体饮料制造、茶饮料及其他软饮料制造、精制茶加工。饮料制造业主要产品为白酒、啤酒、碳酸饮料、茶饮料和瓶（罐）装饮用水等。

2.3.2 饮料制造业全要素生产率文献综述

国内在白酒、啤酒、食品饮料等行业有关于全要素生产率的研究。

从白酒视角研究全要素生产率的文献有：张若钦（2008）、凌泽华（2013、2014）和王秋丽和陈瑾（2014）采用DEA－Malmquist指数法对白酒类上市企业进行全要素生产率分析，研究企业的经营绩效，发现大部分企业的全要素生产率保持增长，企业间效率增长是有区别的，有些来源于技术进步，有些来源于规模效率。

从啤酒视角研究全要素生产率的文献有：张彦和郑平（2006）从经营绩效角度，采用 DEA 模型研究了 2004 年中国 7 家啤酒上市企业，发现 7 家企业整体具备较为均衡的市场业绩和较高的生产效率，在规模收益的研究中发现仅有 2 家规模收益递增，规模收益不变和递减是啤酒上市企业经营存在的主要问题。

从酿酒业视角研究全要素生产率的文献有：杜传忠等（2009）、刘玉海和吕坤（2010）采用 DEA – Tobit 模型侧重分析中国酿酒业上市公司的技术效率及影响因素，实证结果为中国酿酒业上市企业的技术效率呈上升趋势，但是平均值偏低，技术进步推进全要素生产率的提高；总资产周转率、R&D 人员投入和人均资本与技术效率显著正相关，企业规模则与之不显著正相关。

从饮料制造业整体视角研究全要素生产率的文献有：吉生保和席艳玲（2011）采用 SORM – BBC 和 DEA – Tobit 模型，以 2002~2009 年中国食品饮料行业 44 家上市企业为样本，实证分析上市企业的经营绩效及影响因素，发现食品饮料行业上市企业的全要素生产率增长强劲，动力主要来自技术进步，技术效率对其抑制作用源于规模效率的下降。梁健娟和曾光（2014）采用 DEA – Malmquist 生产率指数及 Tobit 模型，将中国 2003~2010 年饮料制造业细分为 13 个四位数行业，对其整体及细分行业的全要素生产率进行测算，研究发现技术进步是推动全要素生产率增长的主要动力，其中与人力资本、劳动力的成本、企业的规模正相关的关系十分显著，而全要素生产率增长与市场竞争、出口交货值却是负相关关系且不显著。

综上所述，国内学者在近些年开始关注饮料制造业的全要素生产率，但是研究多集中在饮料制造业四位数中某一行业上市企业的生产发展现状，从饮料制造业整体、地区、三大区域及上市企业整体层面进行的研究仍显不足。

第3章

中国饮料制造业发展现状分析

3.1 中国饮料制造业整体发展概况

3.1.1 产业整体发展历程

饮料制造业伴随着中国改革开放的步伐从"量"的角度在不断发展壮大,同时也伴随着人民生活水平的不断提高在"质"的方面不断更新。我国国民经济行业的划分经历了不断地调整与修订过程,如表3-1所示。1983年,工业按照部门划分为13个部分,其中食品工业包括粮油、制盐、酿酒和清凉饮料等13个子工业;从1993年开始,食品工业分为食品加工业、食品制造业、饮料制造业和烟草加工业,饮料制造业进行了细分;国民经济行业分类标准于2002年、2011年、2017年分别重新制定,饮料制造业在国民经济行业分类与代码(GB/4754-2011)中全称为酒、饮料和精制茶制造业,是制造业门类(C)下的两位数行业,在本书中简称为饮料制造业,饮料制造业中包括13个四位数细分行业;饮料制造业在国民经济行业分类与代码(GB/4754-2017)的修订中没有变化。

表 3-1　　　　　　　　中国食品工业细分行业变化

1983 年	1993 年	2003 年	2012 年
粮油工业	食品加工业	农副食品加工业	农副食品加工业 C13
制盐工业	食品制造业	食品制造业	食品制造业 C14
屠宰及肉类加工工业	饮料制造业	饮料制造业	酒、饮料和精制茶制造业 C15
水产加工工业	酒精及饮料酒制造业	酒精制造	酒的制造 151
罐头工业	酒精制造业	酒的制造	酒精制造 1511
制糖工业	白酒制造业	白酒制造	白酒制造 1512
卷烟工业	啤酒制造业	啤酒制造	啤酒制造 1513
烤烟工业	黄酒制造业	黄酒制造	黄酒制造 1514
酿酒工业	葡萄酒制造业	葡萄酒制造	葡萄酒制造 1515
面包、点心、饼干工业	果露酒制造业	其他酒制造	其他酒制造 1519
糖果工业	软饮料制造业	软饮料制造	饮料制造 152
清凉饮料工业	碳酸饮料制造业	碳酸饮料制造	碳酸饮料制造 1521
调味品工业	天然矿泉水制造业	瓶（罐）装饮用水制造	瓶（罐）装饮用水制造 1522
	果菜汁饮料制造业	含乳饮料和植物蛋白饮料制造	果菜汁及果菜汁饮料制造 1523
	固体饮料制造业	固体饮料制造	含乳饮料和植物蛋白饮料制造 1524
	其他软饮料制造业	茶饮料及其他软饮料制造	固体饮料制造 1525
	制茶业	精制茶加工	茶饮料及其他饮料制造 1529
	其他饮料制造业		精制茶加工 1530
	烟草加工业	烟草制品业	烟草制品业 C16

资料来源：历年《中国统计年鉴》。

3.1.2　产业市场占有率分析

在市场经济条件下，国内市场占有率是衡量一个国家经济效益的重要标志，地区国内市场占有率能够反映地区经济现状，企业的国内市场

第 3 章 中国饮料制造业发展现状分析

占有率则是反映企业经济效益和竞争实力的重要评价指标。国内外的研究结论多认为市场占有率是企业投资收益的主要影响因素，是经济增长的重要指标。产业的工业销售产值能够反映产品的市场占有率，可以衡量产业整体的经济实力。饮料制造业及四位数行业通过提高产品质量、丰富产品种类扩大其市场份额，产品质量提高和品种多样化均需要技术进步的支持，而技术效率的提高，则可以降低产出成本，提高产量，进而增加市场份额。

根据 2015 年食品工业中 4 个两位数制造业的工业销售产值在食品工业中的比例，农副食品加工业在食品工业中市场占有率居于首位，占比 57%，食品制造业为 19%，饮料制造业为 15%，烟草制品业为 9%[①]。

根据 2015 年中国饮料制造业四位数行业的工业销售产值，各四位数行业在饮料制造业中的市场占有率情况由高到低依次为：白酒制造在饮料制造业中的市场占有率居于首位，啤酒制造和精制茶加工并列居于第二位，前三位行业在饮料制造业中的市场占有率达到 55%；瓶（罐）装饮用水制造、果菜汁和果菜汁饮料制造、茶饮料及其他饮料制造列位其后，三个行业的市场占有率为 22%；其他 7 个行业合计占比为 23%。依据各行业在饮料制造业中所占比例，市场占有率高的行业竞争力较强。从图 3-1 发现，两位数行业中酒的制造的市场占有率为 54%，饮料的制造的市场占有率为 35%，精致茶加工的市场占有率为 11%。

3.1.3 产业规模分析

工业总产值表示该产业的产出水平，提高产出水平不仅依靠资本投入和劳动力投入，技术进步和技术效率更是提高产出水平的关键。如图 3-2 所示，中国饮料制造业工业总产值（以 1990 年为基期）整

---

① 资料来源：《中国统计年鉴 2016》。

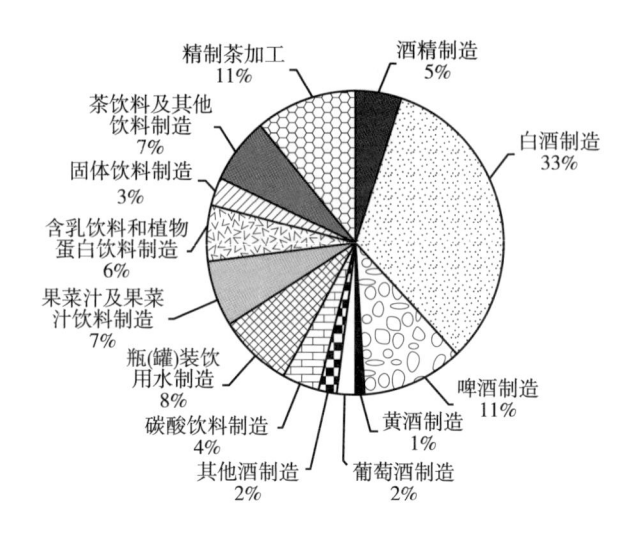

图 3-1　2015 年中国饮料制造业四位数行业市场占有率

资料来源：《中国统计年鉴 2016》。

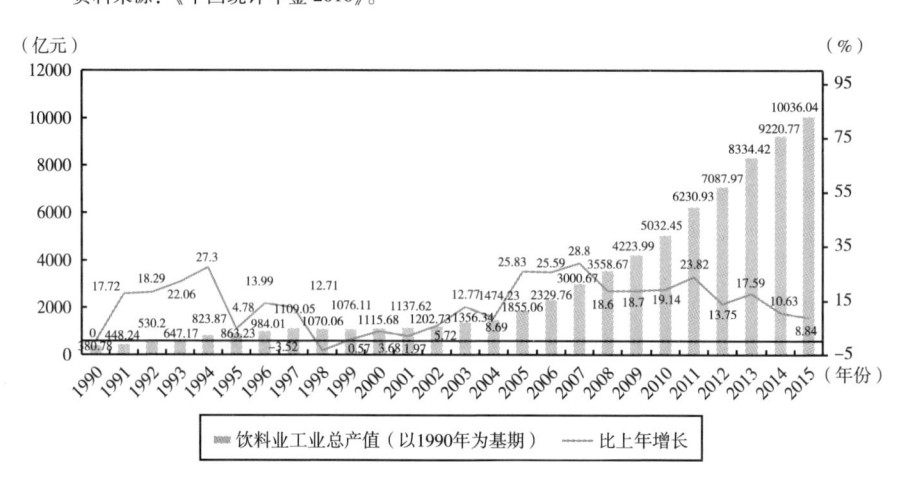

图 3-2　中国饮料制造业工业总产值变化情况

体呈现逐年递增趋势，总产值较上一年增长的幅度为波浪式起伏。1994年，总产值增长率实现 27.3% 后大幅度滑落，在 1998 年出现负增长率后开始慢慢提升，于 2007 年再次实现 28.8% 的高增长率后开始缓速下降，总产值呈现减速递增的趋势。1990~1994 年，中国饮料制造业总产值以两位数水平递增，但是由于基数低，产值没有突破 1000 亿元；1993 年，中国饮料市场果茶企业盲目扩大，因产品技术基础薄弱、质

第3章 中国饮料制造业发展现状分析

量粗糙而急速退出市场，1994年可口可乐和百事可乐进驻中国，挤占中国碳酸饮料市场，导致1995年中国饮料制造业总产值仅递增4.78%；1998年受国际金融危机影响，饮料制造业总产值增长率为-3.52%，1999年总产值增长率不足1%；2003年饮料制造业总产值增长率再次恢复两位数的增长，在2007年实现28.80%的高速增长后速度放缓。1990年，中国饮料制造业总产值为380.78亿元，到2015年总产值突破万亿元，实现10036.04亿元，年均增长率为13.98%，如表3-2所示。

表3-2　　中国饮料制造业工业总产值及增长率

年份	工业总产值（以1990年为基期）（亿元）	比上年增长（%）	年份	工业总产值（以1990年为基期）（亿元）	比上年增长（%）
1990	380.78	—	2003	1356.34	12.77
1991	448.24	17.72	2004	1474.23	8.69
1992	530.20	18.29	2005	1855.06	25.83
1993	647.17	22.06	2006	2329.76	25.59
1994	823.87	27.30	2007	3000.67	28.80
1995	863.23	4.78	2008	3558.67	18.60
1996	984.01	13.99	2009	4223.99	18.70
1997	1109.05	12.71	2010	5032.45	19.14
1998	1070.06	-3.52	2011	6230.93	23.82
1999	1076.11	0.57	2012	7087.97	13.75
2000	1115.68	3.68	2013	8334.42	17.59
2001	1137.62	1.97	2014	9220.77	10.63
2002	1202.73	5.72	2015	10036.04	8.84

资料来源：1991~2016年《中国统计年鉴》。

3.1.4　产业投入产出分析

我们先分析资本投入、劳动力投入与产出增长率。2000~2015年，中国饮料制造业的资本投入用平减后以1999年为基期的固定资本存量表示，劳动力投入用饮料制造业全部从业人员平均人数表示，饮料制造业的产出用以1999年为基期的工业总产值表示，数据如表3-3所示。2000~2015年，资本投入一直保持稳定递增，仅在2004年稍有回落，资本投入增长率从2007年开始基本保持两位数的增速；劳动力投入从2000~2004年一直处于负增长，从2005年开始小幅度波动，劳动力投入的增减与饮料制造业的产业调整相一致；饮料制造业的总产值在经历2004年的较大波动后一直保持两位数的增速，2015年增幅降为10.64%，由于前期饮料制造业供给过旺，导致产品积压，去库存成为饮料制造业急需解决的问题。

表3-3　　2000~2015年中国饮料制造业投入产出及增长率

年份	工业总产值（以1999年为基期）（亿元）	比上年增长（%）	固定资本存量（以1999年为基期）（亿元）	比上年增长（%）	全部从业人员平均人数（万人）	比上年增长（%）
2000	1718.32	3.68	1441.26	3.44	102.13	-3.83
2001	1752.00	1.96	1494.22	3.67	94.89	-7.09
2002	1852.30	5.72	1587.95	6.27	90.93	-4.17
2003	2088.92	12.77	1648.31	3.80	88.93	-2.20
2004	2270.47	8.69	1582.40	-4.00	83.86	-5.70
2005	2857.15	25.84	1701.97	7.56	88.92	6.03
2006	3588.12	25.58	1863.26	9.48	92.17	3.65
2007	4620.63	28.78	2069.51	11.07	100.92	9.49
2008	5479.62	18.59	2339.02	13.02	112.96	11.93
2009	6503.42	18.68	2620.88	12.05	118.93	5.29
2010	7748.22	19.14	2976.02	13.55	129.91	9.23
2011	9593.88	23.82	3249.15	9.18	136.66	5.20
2012	10925.22	13.88	3632.28	11.79	147.16	7.68
2013	12711.65	16.35	4191.37	15.39	157.66	7.14
2014	13965.47	9.86	4712.41	12.43	162.17	2.86
2015	15451.26	10.64	5331.12	13.13	166.60	2.73

资料来源：2000~2016年《中国统计年鉴》《中国工业统计年鉴》，不含西藏自治区。

如图3-3所示，饮料制造业投入和产出的增长率波动基本一致，增长率由上到下的顺序为：实际产出增长率、资本投入增长率和劳动力

第 3 章 中国饮料制造业发展现状分析

投入增长率,整体的曲线表示投入与产出正相关,产出的增长率高于投入的增长率。2000~2004 年,饮料制造业劳动力投入的增长率为负;2004 年,资本投入与劳动力投入的增长率均为负值,也是研究区间的最低点,影响了产出的增长率;2012~2013 年,饮料制造业产出增长率与投入增长率比较接近;2014~2015 年,饮料制造业的资本投入增长率高于产出增长率,表示单位投入的产出效率在下降。

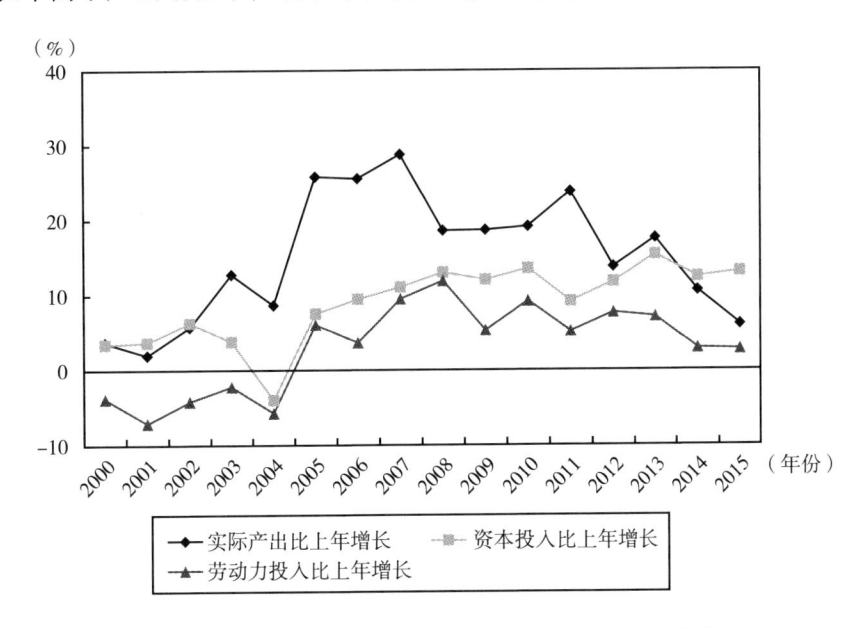

图 3-3 2000~2015 年中国饮料制造业投入产出变化率

3.1.5 产业市场环境分析

企业单位数和劳动力就业人数均能够反映出我国饮料制造业的发展水平。如图 3-4 所示,20 世纪 90 年代,由于饮料制造业是劳动密集型行业,行业进入壁垒低,中国饮料制造业企业单位数越多,产业内竞争越激烈;1998 年,受亚洲金融风暴影响,企业数和从业人员数骤减,对饮料制造业的发展也是一轮新的整合,将很多经营较差的企业挤出该产业;2010 年再一次出现企业数较大幅度的下降。从 1998 年至今,饮料制造业企业数从整体上看增长比较平缓，从业人员数增长幅度高于企业数量的增长，大企业逐渐出现并在产业中保持稳定，数据如表3-4所示。

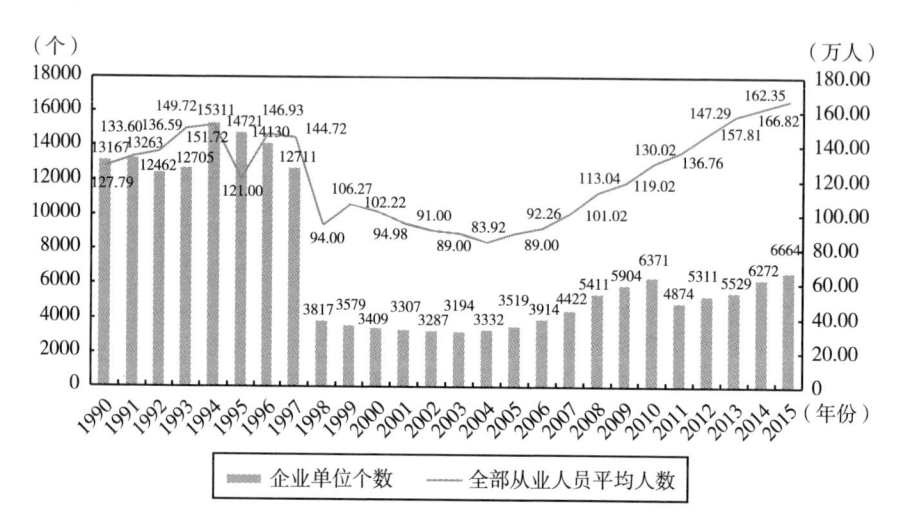

图3-4 2000~2015年中国饮料制造业企业单位数及就业人数

表3-4　　　　　　　　1990~2015年中国饮料制造业市场环境指标

年份	企业单位数（个）	全部从业人员数（万人）	年份	企业单位数（个）	全部从业人员数（万人）
1990	13167	127.79	2003	3194	89.00
1991	13263	133.60	2004	3332	83.92
1992	12462	136.59	2005	3519	89.00
1993	12705	149.72	2006	3914	92.26
1994	15311	151.72	2007	4422	101.02
1995	14721	121.00	2008	5411	113.04
1996	14130	146.93	2009	5904	119.02
1997	12711	144.72	2010	6371	130.02
1998	3817	94.00	2011	4874	136.76
1999	3579	106.27	2012	5311	147.29
2000	3409	102.22	2013	5529	157.81
2001	3307	94.98	2014	6272	162.35
2002	3287	91.00	2015	6664	166.82

资料来源：1991~2016年《中国统计年鉴》《中国工业经济统计年鉴》。

第3章 中国饮料制造业发展现状分析

如表3-5所示,随着时间推移,中国饮料制造业的企业平均规模逐年递增且比较稳定,与图3-4所反映的内容一致。中国饮料制造业的企业平均规模由2000年的0.5亿元/个增加到2015年的2.65亿元/个,年均增长率达到11.76%,说明企业的生产效率在逐年提高。

表3-5　　　　2000~2015年中国饮料制造业企业规模

年份	工业销售产值（亿元）	企业单位数（个）	企业平均规模（亿元/个）
2000	1706.29	3409	0.50
2001	1778.11	3307	0.54
2002	1943.28	3287	0.59
2003	2195.65	3194	0.69
2004	2389.40	3332	0.72
2005	3020.69	3519	0.86
2006	3825.15	3914	0.98
2007	4962.96	4422	1.12
2008	6068.51	5411	1.12
2009	7259.52	5904	1.23
2010	8915.26	6371	1.40
2011	11542.05	4874	2.37
2012	13233.13	5311	2.49
2013	15149.36	5529	2.74
2014	16372.18	6272	2.61
2015	17626.59	6664	2.65

资料来源：2001~2016年《中国工业经济统计年鉴》《中国统计年鉴》。

笔者将中国31个省区市按照东部、中部和西部三个大区域划分。东部包括13个地区：北京、天津、河北、辽宁、吉林、黑龙江、山东、上海、江苏、浙江、福建、广东和海南；中部包括6个地区：山西、河南、湖北、湖南、安徽和江西；西部包括12个地区：内蒙古、陕西、甘肃、宁夏、青海、四川、重庆、云南、贵州、广西、新疆和西藏。如表3-6所示,中国饮料制造业东部的工业销售产值和企业数占比均最高,西部次之,中部位列最后,但是西部和中部二者的占比差距很小。

但是，企业规模是西部最高，东部高于中部，东部和西部的企业规模高于全国平均值，中部企业规模低于全国平均值，说明西部企业效率高，具有较强的竞争优势。

表3-6　　　　　2015年中国饮料制造业分区域企业规模

地区	工业销售产值（当年价格，亿元）	占比（%）	企业单位个数（个）	占比（%）	比值
东部	7119.63	40.39	2662	39.95	2.67
中部	4945.71	28.06	1949	29.25	2.54
西部	5561.26	31.55	2053	30.80	2.71
全国	17626.59	100.00	6664	100.00	2.65

资料来源：《中国工业经济统计年鉴2016》。

3.2　中国饮料制造业省际发展概况

3.2.1　省际市场占有率分析

考虑数据的完整性和一致性，在分析省际数据时没有把西藏自治区和港澳台地区列入考察对象，将30个省份的饮料制造业作为研究对象。根据2015年中国30个省份饮料制造业的工业销售产值在全国所占的比例，可知各个省份的市场销售率，如表3-7所示。

表3-7　　　　　2015年中国饮料制造业主要经济指标

省份	工业总产值（以1999年为基期，亿元）	工业销售产值（当年价格，亿元）	固定资本存量（以1999年为基期，亿元）	企业单位数（个）	从业人员数（万人）
全国	15451.26	17555.98	5331.12	6646	166.60
北京	138.61	183.40	109.13	43	2.71
天津	132.81	159.53	91.36	37	1.37
河北	437.12	492.55	168.01	176	4.32

第3章 中国饮料制造业发展现状分析

续表

省份	工业总产值（以1999年为基期，亿元）	工业销售产值（当年价格，亿元）	固定资本存量（以1999年为基期，亿元）	企业单位数（个）	从业人员数（万人）
山西	103.65	114.84	63.22	65	2.40
内蒙古	254.21	289.94	100.58	119	2.73
辽宁	275.98	338.02	147.84	179	3.26
吉林	444.98	546.48	243.36	218	4.95
黑龙江	254.51	315.46	168.62	182	3.20
上海	87.08	108.74	64.65	37	1.31
江苏	871.92	1080.26	409.62	193	8.31
浙江	373.68	452.01	224.65	228	4.79
安徽	564.30	654.62	175.44	388	7.34
福建	687.34	854.28	214.04	602	11.49
江西	240.04	297.32	129.43	113	3.10
山东	1119.58	1457.08	373.34	482	12.53
河南	1832.95	1530.25	403.57	528	15.08
湖北	1381.35	1685.20	329.99	468	11.72
湖南	774.15	663.48	130.74	387	6.40
广东	909.57	1112.79	366.81	259	10.18
广西	428.94	482.55	132.40	149	5.97
海南	14.31	19.03	12.87	26	0.50
重庆	157.50	191.44	67.75	97	2.60
四川	2262.15	2592.07	593.97	647	21.60
贵州	698.47	831.87	208.36	376	7.16
云南	228.21	209.74	93.73	208	3.64
陕西	459.20	532.14	133.70	239	4.13
甘肃	128.50	145.05	67.20	80	1.51
青海	46.77	46.51	30.48	15	0.54
宁夏	37.94	40.26	25.01	31	0.50
新疆	105.44	129.08	51.23	74	1.26

资料来源：2000年、2016年《中国工业经济统计年鉴》《中国统计年鉴》。

技术进步与技术效率均能提高各地区饮料制造业市场占有率，反过来，市场占有率的增长会进一步加速技术进步与技术效率的提高。如图3-5所示，2015年，中国30个省份饮料制造业的市场占有率四川居于首位，市场占有率为15%，湖北以10%的市场占有率位列第二，河南以9%的市场占有率位列第三，市场占有率在5%以上的地区还有山东（8%）、广东（6%）、江苏（6%）、福建（5%）和贵州（5%），这8个省份饮料制造业的市场占有率为64%，可知中国饮料制造业的市场占有率从地区角度相对比较集中，较高的市场集中度有利于产业良性发展。

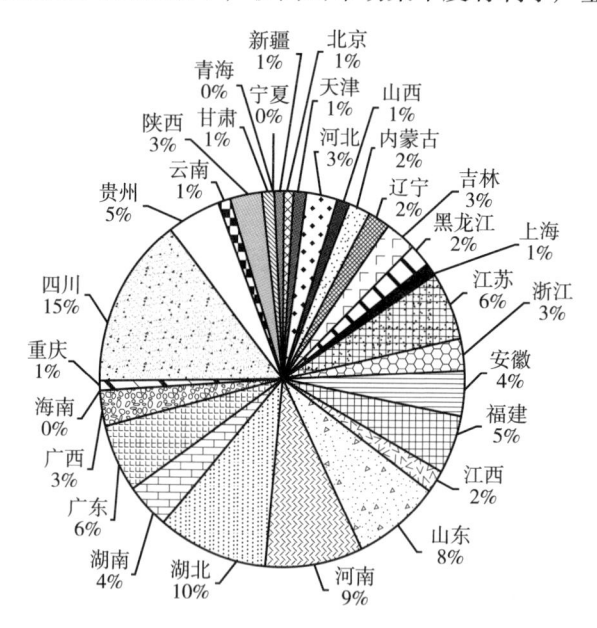

图3-5　2015年中国饮料制造业省际市场占有率
资料来源：《中国食品工业年鉴2016》。

中国白酒的历史始于唐朝，作为中国特有的蒸馏酒，是世界六大蒸馏酒之一，在中国饮料制造业中占比最大。如图3-6所示，2014年，中国30个省份白酒的市场占有率情况为：四川以28%的市场占有率高居首位，山东和河南以9%并列第二位，湖北和江苏白酒的市场占有率均为7%，内蒙古、吉林和黑龙江白酒的市场占有率均为5%，以上8个省份白酒的市场占有率达到75%。

第3章 中国饮料制造业发展现状分析

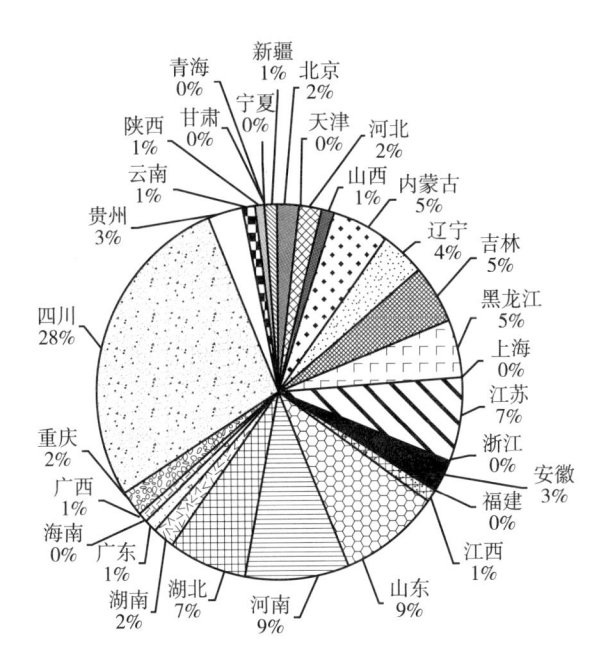

图3-6　2014年中国饮料制造业四位数行业（白酒制造）省际市场占有率
资料来源：《中国食品工业年鉴2015》。

19世纪末，啤酒作为外来酒进入中国。2015年，中国啤酒在饮料制造业中的市场占有率为11%，仅次于白酒。如图3-7所示，中国啤酒市场竞争激烈。山东以13%的市场占有率居于啤酒制造业的首位，广东以9%位列第二位，河南以8%位列第三位，市场占有率在5%及以上的还有湖北、四川、辽宁和浙江，这7个省份啤酒制造在国内啤酒市场的市场占有率为51%。技术进步和技术效率是提高产业生产效率的根本，是扩大市场份额的有效途径。

中国葡萄酒的生产源于20世纪初，在中国饮料制造业的发展中所占比例较小。如图3-8所示，2014年中国22个省份在葡萄酒市场占有率的分布为：山东以34%居于首位，吉林和河南各以14%并列第二位，甘肃和河北均为6%，陕西和新疆均为5%，以上7个省份实现了84%的市场份额。上述说明虽然中国葡萄酒生产在全国的市场占有率较小，但是市场集中度较高，有利于葡萄酒产业进一步发展。

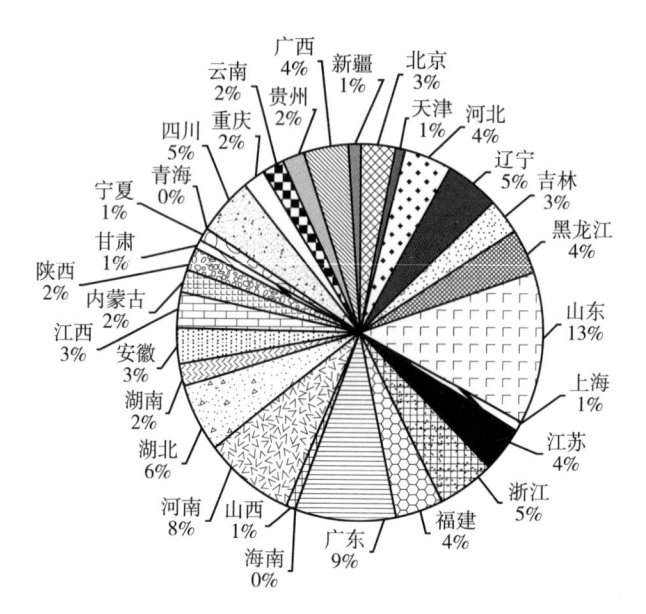

图 3-7　2015 年中国饮料制造业四位数行业（啤酒制造）省际市场占有率

资料来源：《中国食品工业年鉴 2016》。

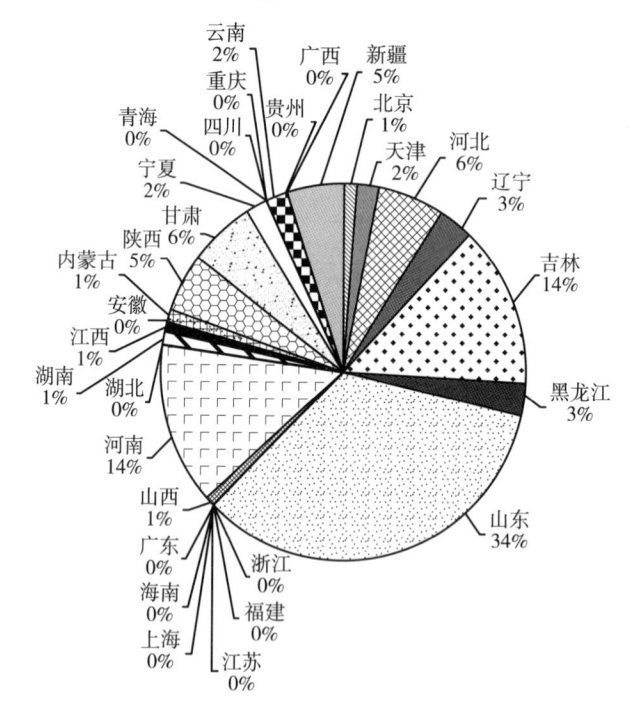

图 3-8　2014 年中国饮料制造业四位数行业（葡萄酒制造）省际市场占有率

资料来源：《中国食品工业年鉴 2015》。

第3章 中国饮料制造业发展现状分析

饮料制造在中国饮料制造业的市场占有率为35%（见图3-1）。如图3-9所示，中国30个省份均有饮料制造，其中广东以16%的市场占有率居于首位，四川和河南分别以8%并列第二位，湖北和浙江分别为5%，以上5个省份饮料制造在国内的市场占有率为42%，而其他25个省份的饮料制造在全国的市场占有率为58%。由此可知，中国饮料制造市场竞争激烈，市场分布比较分散。同时，饮料制造中还有6个细分行业，因此，各省份饮料制造的生产更为分散，产品的多样化有利于消费者的选择，但是如何实现产品多样化的同时，提高市场份额、提高生产效率是地区饮料制造行业发展的关键。

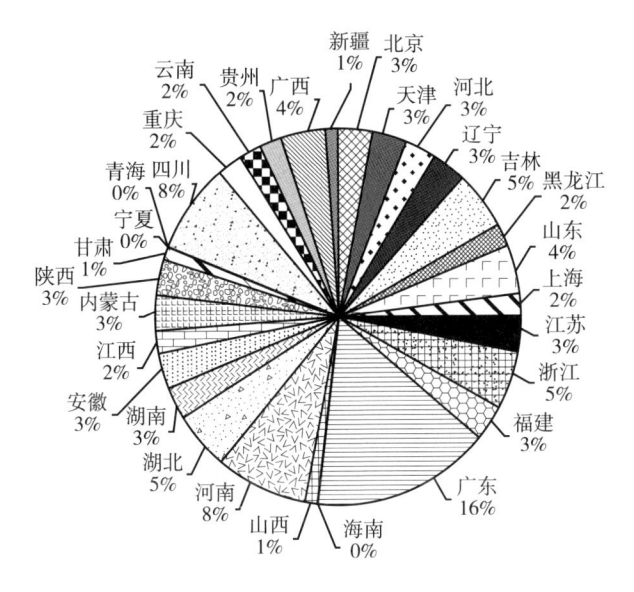

图3-9　2014年中国饮料制造业两位数行业（饮料制造）省际市场占有率
资料来源：《中国食品工业年鉴2015》。

中国饮茶的历史源远流长，茶在中国成为一种文化。2015年，精制茶加工在中国饮料制造业占据11%市场份额（见图3-1），受茶叶生产的地域限制，我国精制茶制造分布在18个省份，如图3-10所示，贵州和福建各以14%的市场占有率位列第一位，浙江的市场占有率为11%，四川为10%，陕西、云南和河南分别为7%，湖南和安徽分别为5%，以上9个省份的精制茶加工占据了中国精制茶加工市场的80%，市场集中度极高。

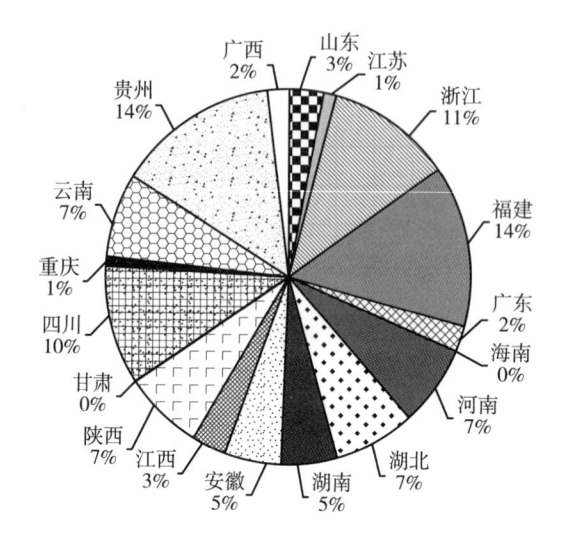

图3-10 2015年中国饮料制造业四位数行业（精制茶加工）省际市场占有率

资料来源：《中国食品工业年鉴2016》。

3.2.2 省际产业规模分析

为了清晰分析中国饮料制造业省际规模发展变化，将中国30个省份分为东部、中部、西部三个区域①，研究2000~2015年三大区域的工业总产值变化，具体数据如表3-8所示。2000年，饮料制造业中部、西部地区的工业总产值基本差距比较小，但是饮料制造业东部地区的工业总产值是西部地区的3倍；东部、西部饮料制造业在研究的16年中，工业总产值持续增长，中部饮料制造业在2001~2002年出现两次下降后，也保持了持续增长；到2005年，中部、西部饮料制造业的工业总产值已经缩小了与东部的差距。

---

① 东部地区：北京、天津、河北、辽宁、吉林、黑龙江、山东、上海、江苏、浙江、福建、广东、海南；中部地区：山西、河南、湖北、湖南、安徽、江西；西部地区：内蒙古、陕西、甘肃、宁夏、青海、四川、重庆、云南、贵州、广西、新疆。

第3章 中国饮料制造业发展现状分析

表3-8　　2001~2015年中国饮料制造业三大区域工业总产值及变化率

时间	东部（亿元）	增长率（%）	中部（亿元）	增长率（%）	西部（亿元）	增长率（%）
2000年	1092.39	—	299.79	—	326.13	—
2001年	1105.13	1.17	292.31	-2.50	354.56	8.72
2002年	1177.27	6.53	287.92	-1.50	387.11	9.18
2003年	1348.78	14.57	309.61	7.53	430.54	11.22
2004年	1447.59	7.33	356.20	15.05	466.68	8.39
2005年	1758.00	21.44	468.01	31.39	631.14	35.24
2006年	2089.94	18.88	651.60	39.23	846.58	34.14
2007年	2578.75	23.39	909.02	39.50	1132.86	33.82
2008年	2952.88	14.51	1145.68	26.03	1381.07	21.91
2009年	3409.13	15.45	1360.00	18.71	1734.29	25.58
2010年	3831.45	12.39	1758.80	29.32	2157.97	24.43
2011年	4504.67	17.57	2301.96	30.88	2787.25	29.16
2012年	4904.98	8.89	2861.34	24.30	3158.91	13.33
2013年	5336.91	8.81	3454.77	20.74	3919.97	24.09
2014年	5597.45	4.88	4103.00	18.76	4265.02	8.80
2015年	5747.48	2.68	4896.44	19.34	4807.33	12.72

注：以1999年为基期。
资料来源：2001~2016年《中国工业经济统计年鉴》《中国统计年鉴》。

如图3-11所示，2000~2015年，中国饮料制造业三大区域工业总产值整体呈递增趋势，东部地区的产业规模远远高于中部和西部地区，西部地区产业规模略高于中部；2008年以前，中部、西部地区工业总产值与东部地区差距较大，时至2015年，东部与中部、西部之间的差距在缩小。三大区域工业总产值的增长率呈倒"U"型，波动基本一致，中部增长率基本高于西部，西部高于东部。2008年以前，三大区域工业总产值整体为递增式提高，2008年以后则趋于递减式提高。从2000~2015年，中国饮料制造业的工业总产值年均增长率东部地区为11.71%，中部地区为20.47%，西部地区为19.65%。

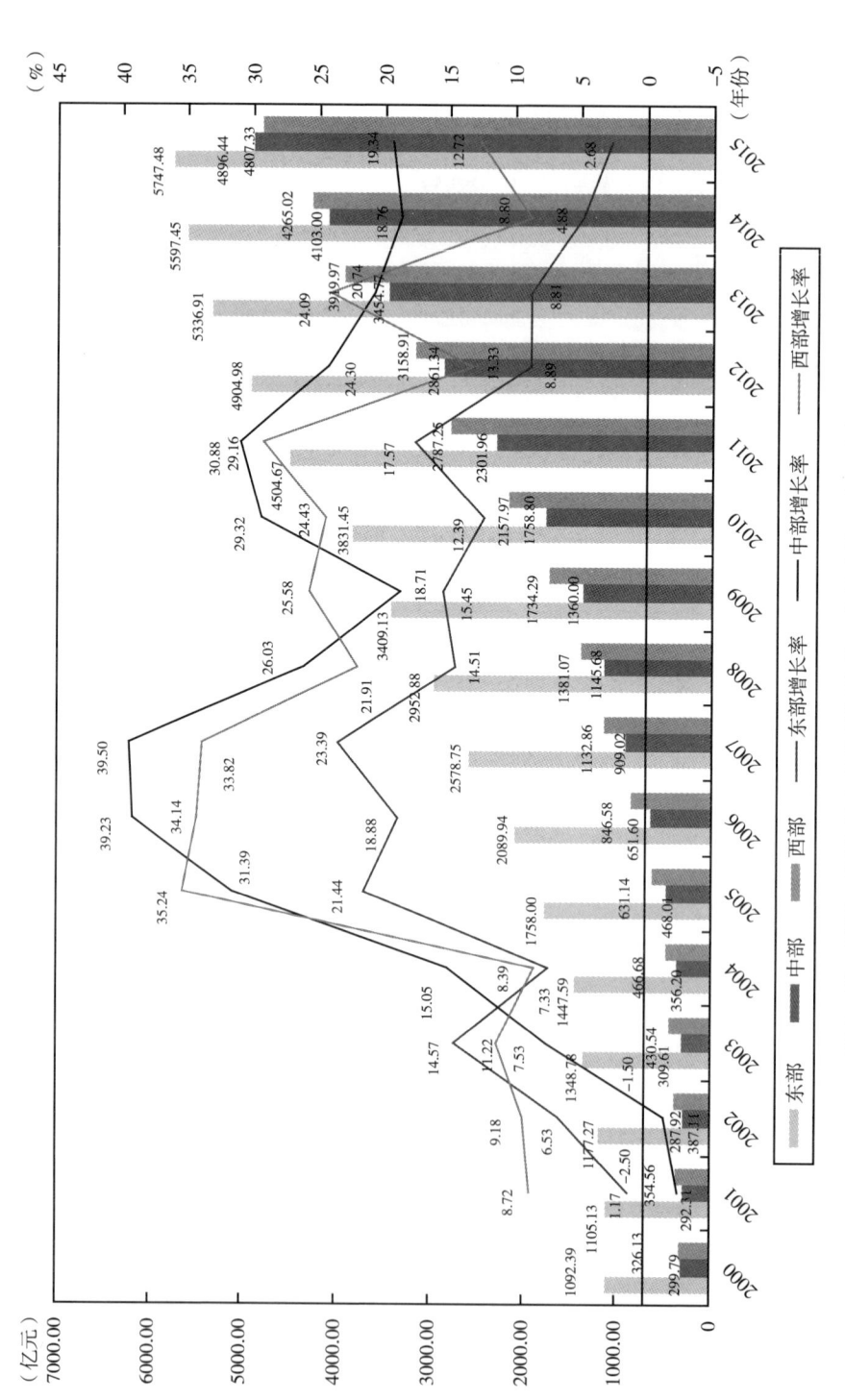

图 3-11 2000~2015 年中国饮料制造业工业总产值三大区域变化

第 3 章　中国饮料制造业发展现状分析

如图 3-12 所示，为了进一步了解地区饮料制造业规模，将 2015 年中国 30 个省份饮料制造业的工业总产值排序：四川以超过 2000 亿元的工业总产值稳居首位，占全国饮料制造业工业总产值的 14.64%；工业总产值在 1000 亿～2000 亿元由高到低的依次是河南（占比 11.86%）、湖北（占比 8.94%）和山东（占比 7.25%），这三个地区的工业总产值占全国的 28.05%；在 500 亿～1000 亿元有 6 个地区，占全国工业总产值的 29.16%。以上 10 个地区饮料制造业的工业总产值占全国工业总产值的 71.85%，接近 3/4 的比例，从地区角度看，中国饮料制造业的企业规模集中度较高。

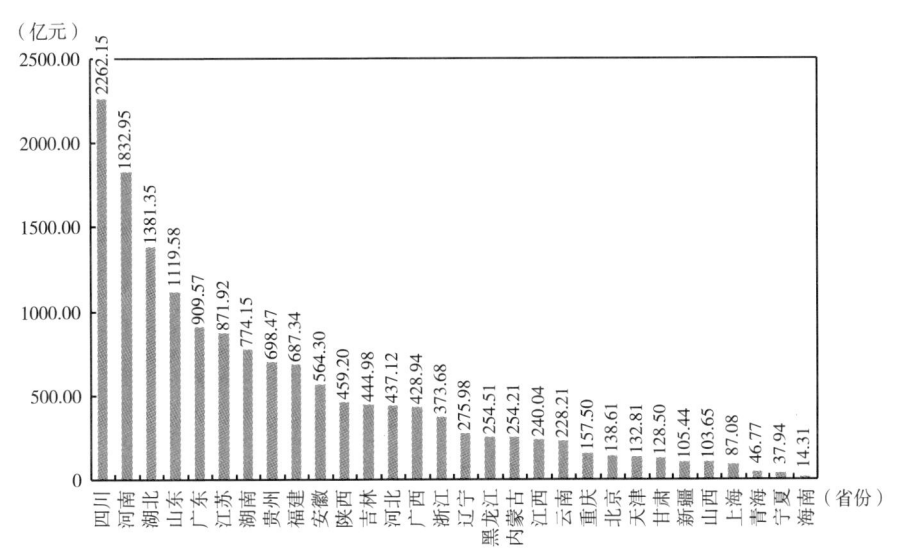

图 3-12　2015 年中国饮料制造业地区工业总产值

注：以 1999 年为基期。

3.2.3　省际市场环境分析

根据表 3-7 中的相关数据绘制图 3-13，可以清晰地看到 30 个省份的企业单位数与从业人员数基本对应，饮料制造业企业数多的省份其从业人员数量大。其中，四川是饮料制造业产出大省，其企业数和从业人员数均为全国首位；福建饮料制造业企业单位数仅次于四川，但是从业人员数位于全国第五位,说明福建饮料制造业企业规模较小,地区饮料制造业竞争激烈。与图 3-12 比对,发现各地区饮料制造业企业数、从业人员数与产出水平基本保持一致。

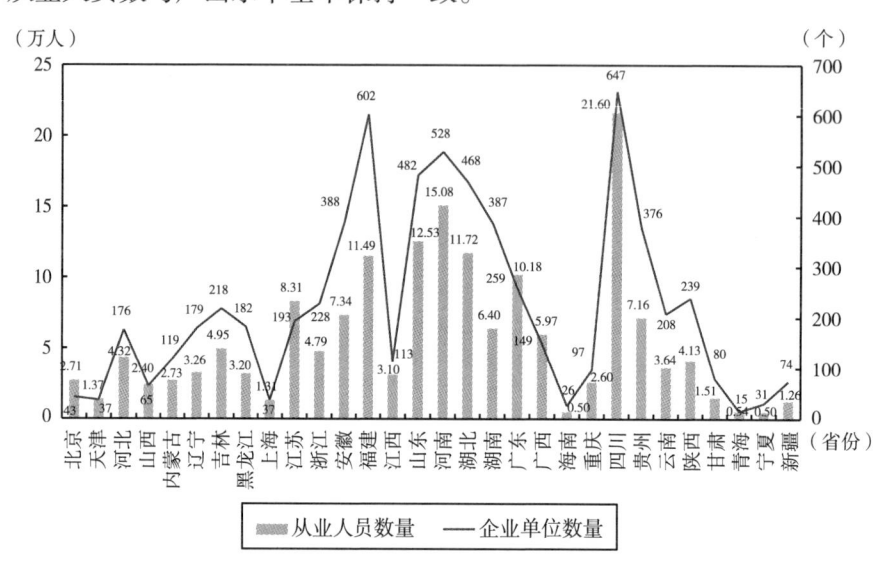

图 3-13 2015 年中国饮料制造业地区竞争环境

企业规模大小是反映地区产业生产效率的指标之一,但不绝对。如表 3-9 所示,2015 年江苏饮料制造业的企业规模以 5.60 亿元/个位于首位,但是其工业总产值在全国位列第六位(见图 3-12),销售产值在全国位列第四位,天津、广东和北京饮料制造业企业规模的情况与江苏相同;四川饮料制造业工业总产值、工业销售产值均高,其企业规模也较高;湖北、河南和山东饮料制造业的销售产值较高,但是企业规模表现一般。所以,企业规模的适度发展才会促进地区产业生产效率的提高。

表 3-9　　　　2015 年中国各省区市饮料制造业地区企业规模

地区	工业销售产值(亿元)	企业单位数(个)	企业规模(亿元/个)	地区	工业销售产值(亿元)	企业单位数(个)	企业规模(亿元/个)
北京	183.40	43	4.27	河南	1530.25	528	2.90
天津	159.53	37	4.31	湖北	1685.20	468	3.60
河北	492.55	176	2.80	湖南	663.48	387	1.71

第 3 章 中国饮料制造业发展现状分析

续表

地区	工业销售产值（亿元）	企业单位数（个）	企业规模（亿元/个）	地区	工业销售产值（亿元）	企业单位数（个）	企业规模（亿元/个）
山西	114.84	65	1.77	广东	1112.79	259	4.30
内蒙古	289.94	119	2.44	广西	482.55	149	3.24
辽宁	338.02	179	1.89	海南	19.03	26	0.73
吉林	546.48	218	2.51	重庆	191.44	97	1.97
黑龙江	315.46	182	1.73	四川	2592.07	647	4.01
上海	108.74	37	2.94	贵州	831.87	376	2.21
江苏	1080.26	193	5.60	云南	209.74	208	1.01
浙江	452.01	228	1.98	陕西	532.14	239	2.23
安徽	654.62	388	1.69	甘肃	145.05	80	1.81
福建	854.28	602	1.42	青海	46.51	15	3.10
江西	297.32	113	2.63	宁夏	40.26	31	1.30
山东	1457.08	482	3.02	新疆	129.08	74	1.74

资料来源：《中国工业经济统计年鉴 2016》《中国统计年鉴 2016》。

3.3 中国饮料制造业上市企业发展概况

3.3.1 上市企业概况

考虑数据的完整性与科学性，选择中国饮料制造业上市企业作为微观数据描述中国饮料制造业企业发展现状。本章将 2015 年作为样本研究对象时分析 35 家企业，如表 3-10 所示，其中经营白酒的企业有 18 家（包括 2 家黄酒企业），占比达到 51.43%，经营啤酒的企业有 5 家，经营葡萄酒的企业有 4 家，经营饮料的企业有 5 家，经营多种产品的企业有 3 家。

经统计，35 家企业按照区域分布：东部有 17 家，中部有 6 家，西部有 12 家。三个区域的划分是以前面关于东部、中部、西部三个区域的划分为依据，根据每个企业所在省市的区域位置进行归类。具体东部地区：北京（燕京啤酒、顺鑫农业）、吉林（通葡股份）、河北（承德露露）、上海（金枫酒业、百润股份）、山东（青岛啤酒、张裕A、国投中鲁、威龙股份）、江苏（维维股份、洋河股份、今世缘）、浙江（古越龙山）、广东（深深宝A、珠江啤酒）和海南（海南椰岛）；中部地区：山西（山西汾酒）、湖南（酒鬼酒）和安徽（古井贡酒、金种子酒、口子窖、迎驾贡酒）；西部地区：四川（五粮液、泸州老窖、水井坊、沱牌舍得、青青稞酒）、贵州（贵州茅台）、重庆（重庆啤酒）、甘肃（兰州黄河、莫高股份、金徽酒）、新疆（伊力特）和西藏（西藏发展）。本章将2001~2015年作为样本分析时，仅有24家企业（见表3-10中序号1-24），其中，20世纪80年代，中国饮料制造业上市的企业仅一家深深宝公司，90年代上市的企业有23家，21世纪以来上市的企业有11家。

表3-10　　　　　　　　中国饮料制造业上市企业

序号	公司中文名称	中文简称	主要业务	所在省	所处区域
1	贵州茅台酒股份有限公司	贵州茅台	白酒	贵州	西部
2	宜宾五粮液股份有限公司	五粮液	白酒	四川	西部
3	泸州老窖股份有限公司	泸州老窖	白酒	四川	西部
4	青岛啤酒股份有限公司	青岛啤酒	啤酒	山东	东部
5	四川水井坊股份有限公司	水井坊	白酒	四川	西部
6	山西杏花村汾酒厂股份有限公司	山西汾酒	白酒	山西	中部
7	北京燕京啤酒股份有限公司	燕京啤酒	啤酒	北京	东部
8	北京顺鑫农业股份有限公司	顺鑫农业	白酒	北京	东部
9	四川沱牌舍得酒业股份有限公司	沱牌舍得	白酒	四川	西部
10	维维食品饮料股份有限公司	维维股份	饮料	江苏	东部
11	重庆啤酒股份有限公司	重庆啤酒	啤酒	重庆	西部
12	安徽古井贡酒股份有限公司	古井贡酒	白酒	安徽	中部
13	河北承德露露股份有限公司	承德露露	饮料	河北	东部
14	酒鬼酒股份有限公司	酒鬼酒	白酒	湖南	中部
15	烟台张裕葡萄酿酒股份有限公司	张裕A	葡萄酒	山东	东部

第3章 中国饮料制造业发展现状分析

续表

序号	公司中文名称	中文简称	主要业务	所在省	所处区域
16	浙江古越龙山绍兴酒股份有限公司	古越龙山	黄酒	浙江	东部
17	海南椰岛（集团）股份有限公司	海南椰岛	保健酒、饮料	海南	东部
18	新疆伊力特实业股份有限公司	伊力特	白酒	新疆	西部
19	上海金枫酒业股份有限公司	金枫酒业	黄酒	上海	东部
20	深圳市深宝实业股份有限公司	深深宝A	饮料	广东	东部
21	西藏银河科技发展股份有限公司	西藏发展	啤酒	西藏	西部
22	通化葡萄酒股份有限公司	通葡股份	葡萄酒	吉林	东部
23	安徽金种子酒业股份有限公司	金种子酒	白酒	安徽	中部
24	兰州黄河企业股份有限公司	兰州黄河	啤酒、麦芽、饮料	甘肃	西部
25	江苏洋河酒厂股份有限公司	洋河股份	白酒	江苏	东部
26	安徽口子酒业股份有限公司	口子窖	白酒	安徽	中部
27	江苏今世缘酒业股份有限公司	今世缘	白酒	江苏	东部
28	安徽迎驾贡酒股份有限公司	迎驾贡酒	白酒	安徽	中部
29	上海百润投资控股集团股份有限公司	百润股份	饮料	上海	东部
30	青海互助青稞酒股份有限公司	青青稞酒	白酒	青海	西部
31	甘肃莫高实业发展股份有限公司	莫高股份	葡萄酒	甘肃	西部
32	国投中鲁果汁股份有限公司	国投中鲁	饮料	山东	东部
33	金徽酒股份有限公司	金徽酒	白酒、饮料	甘肃	西部
34	广州珠江啤酒股份有限公司	珠江啤酒	啤酒	广东	东部
35	威龙葡萄酒股份有限公司	威龙股份	葡萄酒	山东	东部

资料来源：上海证券交易所官网（http://www.sse.com.cn/）、深圳证券交易所官网（http://www.szse.cn/main/）。

3.3.2 上市企业市场占有率分析

下面用营业总收入占比表示饮料制造业上市企业的市场占有率。上市企业的市场占有率越高说明企业的生产效率越高，技术进步与技术效率均能够推动企业市场份额的提高。如图3-14所示，2015年，中国饮料制造业 35 家上市企业的市场占有率集中度较高，贵州茅台以 18% 市场占有率高居榜首，青岛啤酒以 15% 列第二位，五粮液集团以 12% 列第三位，洋河股份、燕京啤酒和顺鑫农业依次位列其后，6 家企业的市场占有率为 66%，其他 29 家上市企业分配 34% 的市场份额。同时，我们还可以发现前 6 家企业中经营白酒的有 4 家，他们的市场份额为 45%，另外 2 家经营啤酒，所占市场份额为 21%。因此，这 6 家企业在其经营领域具有较强的生产效率。

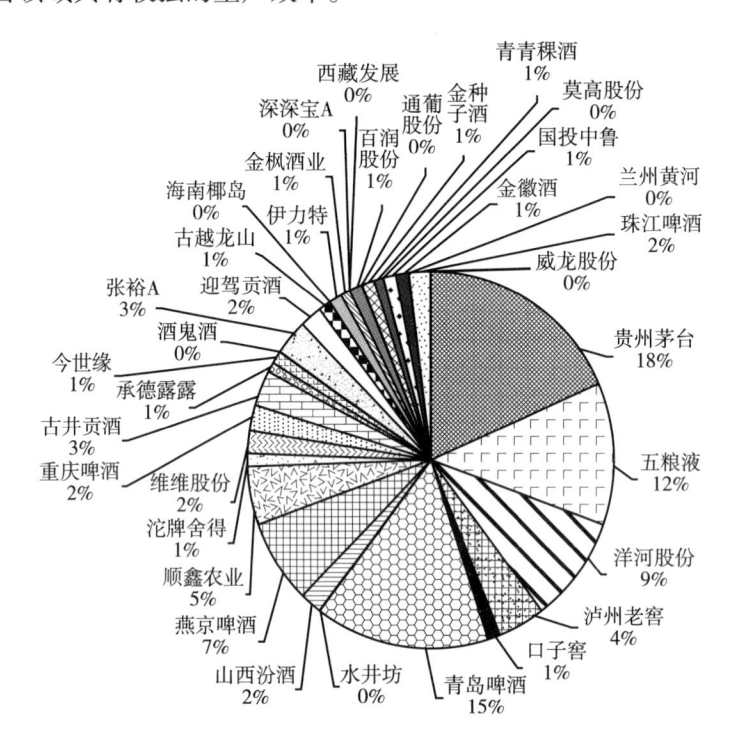

图 3-14　2015 年中国饮料制造业上市企业市场占有率
资料来源：Wind 资讯金融终端。

在中国饮料制造业上市企业中，经营白酒的企业所占比例较大，是我国饮料制造业的重要部分，与全国饮料制造业两位数及四位数中关于白酒的分析数据一致，啤酒位列其后；经营饮料的上市企业有多家，但是其所占市场份额偏低。所以，饮料制造业上市企业的市场占有率分布情况基本与全国饮料制造业的市场占有率一致。

第 3 章 中国饮料制造业发展现状分析

3.3.3 上市企业市场规模分析

上市企业的营业总收入影响着企业规模，营业总收入与企业规模正相关，企业规模越大意味着企业的竞争力越强。如图 3-15 所示，2001年，中国饮料制造业上市企业的营业总收入为 256.97 亿元，在 2013 年达到最大值，实现营业总收入 1550.39 亿元，2014 年和 2015 年略有下降，2015 年实现 1462.69 亿元，年均增长率为 13.23%，略低于全国饮料制造业工业总产值年均增长率（13.98%）。中国饮料制造业 24 家上市企业的营业总收入从 2001~2013 年保持持续递增趋势。

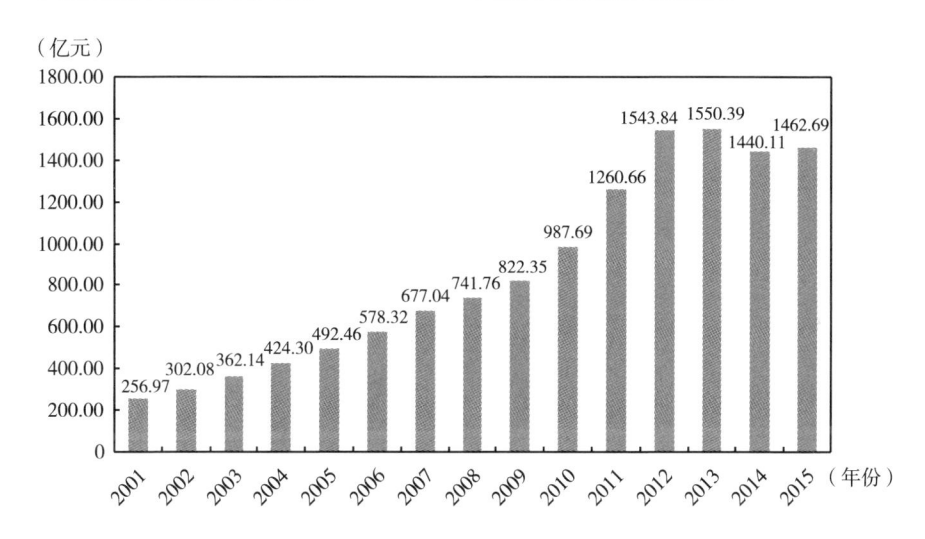

图 3-15　2001~2015 年中国饮料制造业上市企业营业总收入

以营业总收入表示上市企业的产出，非流动资产合计表示上市企业的资本投入，从业人数表示上市企业的劳动力投入。如表 3-11 所示，样本三个变量增长率整体均为正值，仅营业总收入增长率在 2013 年出现严重下滑后，继而在 2014 年出现负的增长率，劳动力投入增长率在 2006 年、2014 年出现负值。饮料制造业上市企业资本投入和劳动力投入的增长率比较平稳，增长率幅度很小，但是营业总收入增长率较大。

表 3-11　　2001~2015 年中国饮料制造业上市企业投入产出及增长率

年份	营业总收入（亿元）	比上年增长（%）	非流动资产合计（亿元）	比上年增长（%）	从业人数（万人）	比上年增长（%）
2001	256.97	—	234.08	—	9.07	—
2002	302.08	17.56	274.65	17.33	9.20	1.49
2003	362.14	19.88	303.30	10.43	10.04	9.07
2004	424.30	17.17	330.74	9.05	11.31	12.69
2005	492.46	16.06	339.51	2.65	12.34	9.15
2006	578.32	17.43	354.13	4.30	12.32	-0.21
2007	677.04	17.07	375.35	5.99	12.64	2.61
2008	741.76	9.56	405.30	7.98	13.48	6.64
2009	822.35	10.86	485.74	19.85	14.22	5.50
2010	987.69	20.11	547.28	12.67	15.21	6.97
2011	1260.66	27.64	626.65	14.50	16.98	11.63
2012	1543.84	22.46	708.72	13.09	18.63	9.69
2013	1550.39	0.42	784.62	10.71	18.72	0.51
2014	1440.11	-7.11	883.93	12.66	18.43	-1.55
2015	1462.69	1.57	931.52	5.38	18.50	0.37

资料来源：Wind 资讯金融终端，上海证券交易所官网（http://www.sse.com.cn/）、深圳证券交易所官网（http://www.szse.cn/main/）。

图 3-16 清晰地反映了 2001~2015 年中国饮料制造业上市企业投入产出变化的具体情况。营业总收入、非流动资产合计、从业人员三个样本增长率的三条曲线的波动趋势基本一致，投入增长率的两条曲线在产出增长率曲线下方；在经历 2008 年亚洲金融危机后，上市企业加大了资本投入的比例，这个时期资本投入增长率高于产出增长率；2013 年，产出增长率严重下滑，出现负值，资本投入在 2015 年略有下降。与全国饮料制造业投入产出增长率相比较（见表 3-3），上市企业三个样本的波动于全国三个样本的波动较为一致，但是上市企业投入样本波动的幅度高于全国。产出波动方面：2007 年之前，上市企业的产出比较稳定，波动较小，在 2004 年全国饮料制造业产出下滑幅度较大时，上市企业下滑幅度较小；2011 年，上市企业产出增加的幅度比全国产

第 3 章 中国饮料制造业发展现状分析

出增加的幅度大，2014 年上市企业产出表现不佳。

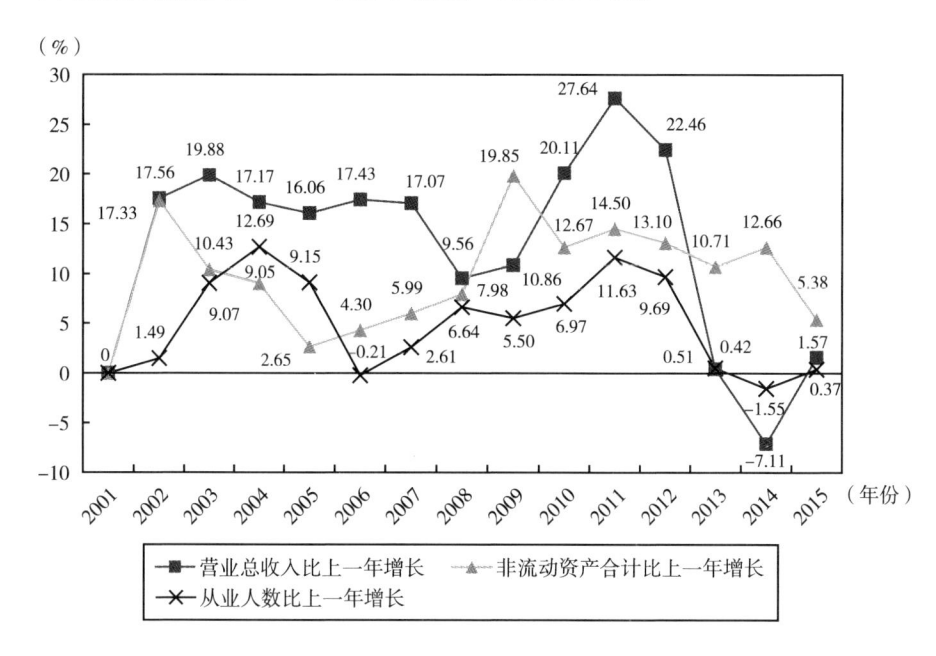

图 3-16 2001~2015 年中国饮料制造业上市企业投入产出变化率

3.4 本章小结

本章从三个方面（全国饮料制造业、30 个地区饮料制造业和 35 家饮料制造业上市企业）、三个角度（市场占有率、市场规模和市场环境）分析了中国饮料制造业发展现状。我们得到以下研究结论。

第一，从市场占有率角度评价饮料制造业生产效率的发展态势。2015 年，中国饮料制造业两位数行业市场占有率为酒的制造 54%、饮料制造 35%、精制茶加工 11%；四位数行业市场占有率为白酒制造 33%、啤酒制造 11%、瓶（罐）装饮用水 8%[①]等。2015 年，地区饮料

---

① 《中国统计年鉴》（2015 年）。

制造业的市场占有率为四川15%、湖北10%、河南9%、山东8%、广东和江苏各6%[①]。2015年，饮料制造业上市企业的市场占有率为茅台集团18%（白酒、贵州）、青岛啤酒集团15%（啤酒、山东）、五粮液集团12%（白酒、四川）、洋河股份集团9%（白酒、江苏）、燕京啤酒集团7%（啤酒、北京）、顺鑫农业集团5%（白酒、北京），6家集团的市场占有率占上市企业的66%[②]。由此可知，白酒制造占中国饮料制造业的市场份额最大，四川、湖北、河南和山东等为中国饮料制造业的重要产地，上市企业也是白酒企业最多。较大的市场份额说明产业具备较优的生产效率。

　　第二，从工业总产值和投入产出角度评价饮料制造业市场规模。施莫克勒（Schmookler，1966）研究了美国产业的投入和产出，提出"需求拉动假说"，认为消费者的需求倾向、意愿支付能力和有效需求等是最有效的内在激励机制，能够促进微观企业加大研发投入，增加创新活动，加速新产品和新产业兴起，进而推动经济的发展。中国饮料制造业作为新兴产业，市场规模的扩大既是消费者需求增加的结果，也是生产效率提高的结果。一方面，全国及东部、中部、西部三个区域饮料制造业工业总产值一直保持持续稳定的上升趋势，1990~2015年，全国饮料制造业工业总产值年均增长率为13.98%[③]；2000~2015年，三个区域饮料制造业工业总产值的年均增长率为东部地区11.71%、中部地区20.47%、西部地区19.65%[④]，35家饮料制造业上市企业工业总产值的年均增长率为13.23%[⑤]。另一方面，从饮料制造业投入产出及增长率比较发现，2008年作为一个"分水岭"，全国饮料制造业在此之前产出是资本投入的一倍左右，在此之后，产出是资本投入的三倍左右，说明饮料制造业产出效率在提高，上市企业的投入产出比率也由最初不足一

---

① 《中国食品工业年鉴》（2015年）。
②⑤ Wind资讯金融终端。
③ 《中国统计年鉴》（1990~2015年）。
④ 《中国工业经济统计年鉴》《中国统计年鉴》（2000~2015年）。

第 3 章 中国饮料制造业发展现状分析

倍提高到超出一倍。

第三,从企业单位数、从业人员数量和规模角度评价饮料制造业的市场环境。一方面,全国饮料制造业的企业单位数和就业人数在 1998 年出现一次较大的滑落,在持续缓慢递减到 2004 年后开始递增,企业单位数在 2010 年再次递减后保持递增,就业人数则一直增加,这也是饮料制造业整合调整产业的过程。另一方面,2000~2015 年,全国饮料制造业的企业规模在稳步提高,2015 年,企业规模西部优于东部,东部优于中部;地区饮料制造业的企业规模不是越大越好,企业规模需要适度发展。

第4章

基于宏观数据的中国饮料制造业全要素生产率测算与分析

伴随着中国改革开放发展起来的新兴产业——饮料制造业，现已成为中国消费品新的增长点与热点。目前，饮料制造业竞争日趋有序，企业规模逐渐扩大，产品多元化，品牌和可持续发展意识增强，企业在追逐利润的基础上向有利于消费者健康的方向发展。

一个国家制造业的发展直接体现了该国的生产力水平，饮料制造业作为制造业的组成部分，已经成为制造业中与国民日常生活联系最紧密的重要部分。2000~2015年，中国饮料制造业总产值从1750.97亿元增长到19469.37亿元，年均增长率为17.42%；就业人数从2000年102.13万人增长到2015年的166.60万人，年均增长率为3.32%；同期固定资产投资额从1460.05亿元增加到7641.64亿元，年均增长率为11.67%[①]。尽管我国饮料制造业发展迅猛，但是各个地区的发展仍不平衡。2000~2007年，四川、山东、广东三省饮料制造业的工业总产值位于前三位，浙江、江苏、河北、湖北、河南分列上述三省之后；2007年至今，四川饮料制造业的工业总产值一直稳居全国首位，总产值的递增幅度逐年上升，截至2015年，四川饮料制造业的工业总产值远远高于其他省份。当前，饮料制造业的高产值主要由四川、山东、河

---

① 《中国统计年鉴》（2000年、2015年）。

第4章 基于宏观数据的中国饮料制造业全要素生产率测算与分析

南、湖北、江苏、广东等省份贡献,而新疆、青海、宁夏、海南四省区的饮料制造业发展较为落后。全要素生产率是衡量一个国家、地区、产业或企业发展潜力和竞争力的最重要因素。在饮料制造业快速发展过程中,生产要素的投入量也不断攀升,那么饮料制造业生产总值增长的动力是否仅依赖于要素投入的增加?全要素生产率是否也作出了贡献?倘若全要素生产率具有显著地促进作用,那么我国饮料制造业全要素生产率的动力是什么?是技术进步?还是技术效率改善?抑或是二者共同推进?同时,由于我国饮料制造业发展具有差异化特征,在这个过程中饮料制造业的全要素生产率增长是否存在着收敛特征?对于以上问题的研究,对中国饮料制造业的未来发展具有重要的指导意义。

国内学者对制造业和服务业的全要素生产率进行了相对较多的研究,但在饮料制造业方面的研究相对匮乏;仅有的研究中往往把研究对象集中在国家层面、省级层面和城市层面等,而从省级层面分析饮料制造业的研究并不多。从省级层面角度去分析饮料制造业的全要素生产率问题,不仅可以从区域角度分析饮料制造业发展状况,而且还可以扩充样本量,使分析结果更加可靠。另外,由于地区饮料制造业发展的不平衡性,我们更应该去分析中国区域饮料制造业发展是否存在收敛特征,然而现有文献并没有就这一问题展开研究。鉴于目前研究的不足,本章尝试运用基于非参数的数据包络分析方法,以2000~2015年30个省份的饮料制造业为研究对象,从宏观视角测算饮料制造业的全要素生产率水平并对其分析,且在此基础上分析全要素生产率的收敛性等问题。

4.1 研究方法、变量选取及数据说明

4.1.1 饮料制造业 TFP 测算方法简述:DEA 模型

依据目前现有的研究,很多学者采用数据包络法对产业层面的全要素

生产率进行测算,如章祥荪和贵斌威(2008)、杨向阳和徐翔(2006)、杨文爽和李春艳(2015)、郭悦等(2015)的研究。因此,本章借鉴已有的研究方法,在测算中国饮料制造业省级层面的全要素生产率时采用第2章所阐述的数据包络分析方法,即饮料制造业全要素生产率的具体表现形式为:

$$\begin{aligned}
TFPCH &= M(x^t, y^t, x^{t+1}, y^{t+1}) \\
&= \frac{D_C^{t+1}(x^{t+1}, y^{t+1})}{D_C^t(x^t, y^t)} \times \left[\frac{D_C^t(x^t, y^t)}{D_C^{t+1}(x^t, y^t)} \times \frac{D_C^t(x^{t+1}, y^{t+1})}{D_C^{t+1}(x^{t+1}, y^{t+1})} \right]^{\frac{1}{2}} \\
&\quad \times \frac{D_C^{t+1}(x^{t+1}, y^{t+1})/D_V^{t+1}(x^{t+1}, y^{t+1})}{D_C^t(x^t, y^t)/D_V^t(x^t, y^t)} \\
&= TECHCH \times PECH \times SECH
\end{aligned} \quad (4-1)$$

其中,TECHCH 表示技术进步的变化情况,PECH 表示纯技术效率的变化情况,SECH 表示规模效率的变化情况,它们是构成全要素生产率的三要素。纯技术效率的变化是实际产出与可变规模收益生产前沿上产出的比值;规模效率的变化则是指依据生产前沿,投入要素向最优投入—产出规模方向的变化。经过以上的分解,本章通过式(4-1)既可以测算出饮料制造业全要素生产率的总体变化水平,还能够测算出其各个组成部分的变化。

4.1.2 变量选取与数据来源说明

由于本章使用的软件为专门分析效率的 DEAP 2.1,此软件要求研究样本为平衡面板数据,因此本章选取 2000~2015 年 30 个省份的饮料制造业数据为研究对象,考虑数据的完整性和一致性,没有把我国香港、澳门和台湾以及西藏自治区列为考察对象。在进行区域研究时,本章将中国整体样本划分为东部、中部和西部三个区域[1]。

---

[1] 东部地区:北京、天津、河北、辽宁、吉林、黑龙江、山东、上海、江苏、浙江、福建、广东、海南;中部地区:山西、河南、湖北、湖南、安徽、江西;西部地区:内蒙古、陕西、甘肃、宁夏、青海、四川、重庆、云南、贵州、广西、新疆。

第 4 章　基于宏观数据的中国饮料制造业全要素生产率测算与分析

本章在使用数据包络分析方法的时候需要三个核心变量,分别为实际产出、资本投入和劳动投入。产出数值采用各省各年末的饮料制造业工业总产值现值表示,并按照 1999 年可比价格进行换算,其中缺失河南 2012~2015 年数据、湖南 2013~2015 年数据、海南 2013 年数据、甘肃 2014 年数据、山西和河北 2015 年数据,工业总产值缺失的 11 个数据使用 Eviews 软件补齐。采用各省各年末的固定资产原价表示资本投入,将 1999 年作为基数年,利用"固定资产投资价格指数"将固定资产原价平减至不变价格,由于个别省份数据的缺失,本章采用算数平均法进行补充。采用各省各年末饮料制造业的全部从业人员平均人数来衡量劳动力投入。以上数据来源于 2000~2015 年《中国食品工业年鉴》《中国工业统计年鉴》《中国统计年鉴》及各省统计年鉴。

4.2　实证结果分析

4.2.1　中国饮料制造业地区 TFP 变动趋势分析

我们采用数据包络分析方法(DEA)常用软件 DEAP2.1 计算出 2000~2015 年中国及 30 个地区的饮料制造业的 Malmquist 指数并且对其进行分解,具体结果如表 4-1 所示。由表 4-1 可知,在 2000~2015 年样本期间,中国饮料制造业全要素生产率的平均增长率为 8.5%,同期技术进步的平均增长率为 8.5%,技术效率保持不变,其中纯技术效率的改进为饮料制造业生产技术效率的改善作出主要贡献,平均增长率为 0.5%,而规模效率出现负增长,平均增长率为 -0.4%。由此可知,技术进步作为主要推动力提高了中国饮料制造业全要素生产率,而纯技术效率作为主要推动力改善了技术效率。30 个省份中有 17 个省份的 TFP 增长率超过了全国平均水平,分别为湖南、陕西、贵州、云南、甘肃、湖北、河南、吉林、广西、辽宁、河北、江西、新疆、黑龙江、内蒙古、青海和四川。其中，湖南饮料行业的 TFP 增长率高达 13.5%，位居全国第一位，超出平均水平 5.0%。30 个省份中技术进步和技术效率均出现正增长的地区有 16 个，分别为辽宁、吉林、黑龙江、河北、内蒙古、江西、河南、湖北、湖南、陕西、广西、贵州、云南、甘肃、青海和新疆。

表 4-1　　2000~2015 年中国饮料制造业全要素生产率的 Malmquist 指数及其分解（按省份）

地区	TFPCH	TECHCH	EFFCH	PECH	SECH
北京	1.077	1.077	1.000	1.021	0.979
天津	1.050	1.066	0.985	0.993	0.992
河北	1.093	1.085	1.008	1.009	0.999
山西	1.065	1.093	0.974	0.988	0.987
内蒙古	1.089	1.082	1.006	1.008	0.999
辽宁	1.095	1.078	1.016	1.019	0.997
吉林	1.105	1.076	1.026	1.026	1.001
黑龙江	1.090	1.082	1.008	1.011	0.997
上海	1.028	1.070	0.961	0.973	0.988
江苏	1.073	1.083	0.990	0.991	1.000
浙江	1.044	1.076	0.971	0.973	0.998
安徽	1.070	1.089	0.982	0.983	1.000
福建	1.078	1.086	0.993	0.992	1.001
江西	1.093	1.082	1.010	1.011	0.999
山东	1.083	1.088	0.996	0.980	1.016
河南	1.112	1.091	1.020	1.019	1.000
湖北	1.115	1.101	1.013	1.013	1.000
湖南	1.135	1.093	1.038	1.035	1.003
广东	1.052	1.073	0.980	0.980	1.000
广西	1.102	1.089	1.011	1.005	1.006
海南	1.005	1.091	0.921	1.000	0.921
重庆	1.082	1.092	0.991	0.996	0.995
四川	1.088	1.093	0.995	1.000	0.995
贵州	1.120	1.089	1.029	1.026	1.003
云南	1.120	1.098	1.020	1.015	1.005
陕西	1.129	1.092	1.034	1.033	1.001
甘肃	1.116	1.085	1.029	1.032	0.997

第4章 基于宏观数据的中国饮料制造业全要素生产率测算与分析

续表

地区	TFPCH	TECHCH	EFFCH	PECH	SECH
青海	1.089	1.075	1.013	1.001	1.012
宁夏	1.076	1.089	0.988	1.000	0.988
新疆	1.093	1.078	1.014	1.018	0.996
均值	1.085	1.085	1.000	1.005	0.996

注：Malmquist 生产率指数用 TFPCH 表示、技术进步指数用 TECHCH 表示、技术效率变化指数用 EFFCH 表示，纯技术效率变化指数用 PECH 表示、规模效率变化指数用 SECH 表示。TFPCH、TECHCH、EFFCH、PECH、SECH 为采用 DEA - Malmquist 指数法测算出来的指数数值。各指标增长率 =（各指标指数数值 -1）×100%。

下面对 2000~2015 年 30 个省份饮料制造业全要素生产率增长及分解进行具体分析。

（1）全要素生产率增长率。30 个省份饮料制造业全要素生产率增长率均为正值。17 个省份饮料制造业的全要素生产率增长率高于全国的平均值，低于全国平均值的 13 个省份中位于后三位的是浙江、上海和海南，他们的全要素生产率增长率依次为 4.4%、2.8% 和 0.5%，说明各地区饮料制造业之间全要素生产率增长率差距较大。

（2）技术进步增长率。30 个省份饮料制造业技术进步增长率均为正值，全国饮料制造业技术进步增长率的平均值为 8.5%。其中，有 15 个省份饮料制造业技术进步增长率高于全国的平均值，湖北居于首位，增长率为 10.1%；云南为 9.8%，排在第二位；湖南、山西、四川均为 9.3%，排在第三位；河北和甘肃饮料制造业技术进步增长率等于全国平均值；13 个省份饮料制造业技术进步增长率低于全国平均值，排在后三位的是广东、上海和天津，增长率分别为 7.3%、7.0% 和 6.6%。发现即使是排名最后的省份，其技术进步增长率也接近 7%，说明中国各省份饮料制造业的技术进步水平比较平衡，虽然技术进步是促进全要素生产率增长的主力军，但是各省份饮料制造业全要素生产率增长率差别较大，说明技术效率同时影响了全要素生产率的增长。

（3）技术效率增长率。全国饮料制造业技术效率增长率的平均值保持不变。30 个省份中有 16 个省份饮料制造业的技术效率增长率为正值，湖南以3.8%的增长率居于首位，陕西以3.4%排在第二位，贵州和甘肃以2.9%并列排名第三位；北京饮料制造业技术效率增长率保持不变；13个省份饮料制造业的技术效率增长率为负值，排在后三位的是浙江、上海和海南，增长率依次为-3.9%、-2.9%和-7.9%。可以发现，绝大部分省份饮料制造业的技术效率指数增长率在（-4%，4%）之间变化。

（4）纯技术效率增长率。全国饮料制造业纯技术效率增长率平均值为0.5%。17个省份饮料制造业的纯技术效率增长率为正值，其中15个省份的增长率大于均值，湖南以3.5%的增长率位于首位，陕西以3.4%排在第二位，贵州和甘肃以2.9%的增长率并列第三位；海南、四川和宁夏饮料制造业的纯技术效率增长率均保持不变；10个省份饮料制造业的纯技术效率增长率为负，其中山东和广东以-2.0%、上海和浙江以-2.7%排在最后。

（5）规模效率增长率。全国饮料制造业的规模效率增长率平均值为-0.04%。21个省份饮料制造业的规模效率增长率大于均值，其中，5个省份（江苏、安徽、河南、湖北和广东）规模效率增长率保持不变，山东饮料制造业的规模效率增长率以1.6%居于首位，青海以1.2%排在第二位，广西以0.6%排在第三位；新疆饮料制造业的规模效率增长率等于均值；8个省份饮料制造业的规模效率增长率低于均值，其中山西、北京和海南排在最后，增长率依次为-1.3%、-2.1%和-7.9%。

4.2.2 中国饮料制造业地区TFP变动趋势图解

将中国饮料制造业30个省份技术进步与全要素生产率的关系以图4-1呈现。30个省份作为样本，以技术进步指数和全要素生产率指数的平均值为界限，将平面坐标划分四个区域，饮料制造业各省份的技术进步与全要素生产率正相关，从各省份分布状态可以发现，基本呈现的是一条分布有些松散的45°线。具体表现为：首先，饮料制造业30个

第4章 基于宏观数据的中国饮料制造业全要素生产率测算与分析

省份技术进步增长率与全要素生产率增长率均为正值，有 17 个省份分布在Ⅰ区和Ⅱ区，占比达到 57%；6 个省份分布在Ⅲ区，7 个省份分布在Ⅳ区。其次，整体观察 30 个省份在图 4-1 中的分布，因为技术进步增长率和全要素生产率增长率均为正值，我们发现绝大部分省份相对比较集中，仅有 5 个省份分散在比较集中的区域外面。其中，海南虽然技术进步增长率较高，但是全要素生产率增长率却是全国最低，源于其技术效率增长率全国最低，拉低了生产率的增长；天津、广东、浙江和上海的技术进步增长率排在全国最后，他们的全要素生产率增长率也仅仅高于海南，可以进一步得出生产率增长对技术进步的依赖性的结论。最后，我们发现技术进步增长率即使很高，其全要素生产率增长率也不一定达到最高，如湖北和云南，可以得出全要素生产率增长率的最优表现也需要技术效率增长率支持的结论。综上，我们寻求提高全要素生产率增长路径时既要重视技术进步，还要考虑技术效率。

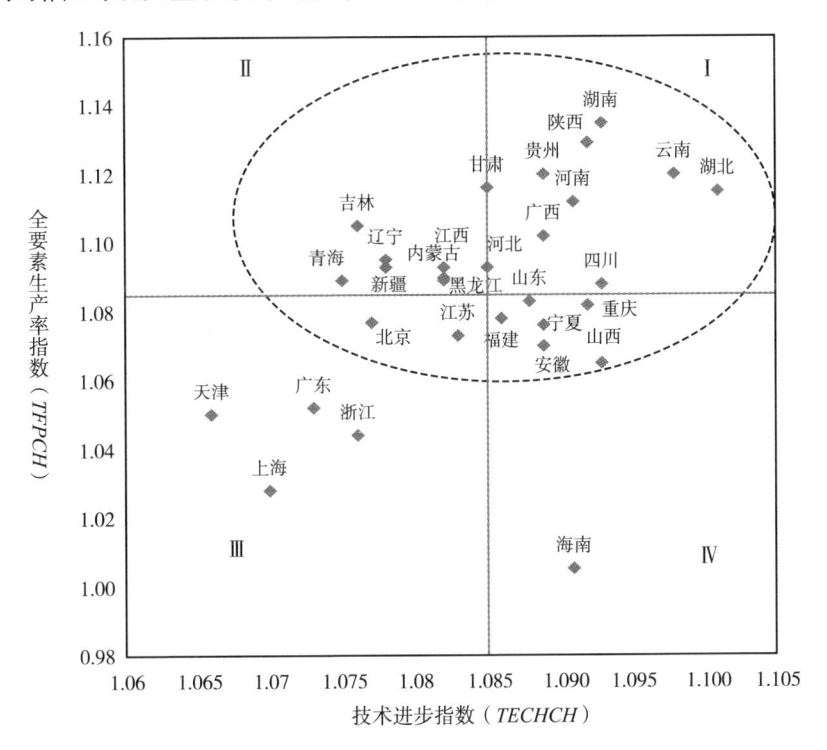

图 4-1　中国饮料制造业地区技术进步动态效率变化

将中国饮料制造业 30 个省份技术效率与全要素生产率的关系以图 4-2 呈现。30 个省份作为样本，以技术效率指数和全要素生产率指数的平均值为界限，将平面坐标划分四个区域，从地区分布状态可以发现，饮料制造业各地区的技术效率与全要素生产率正相关，各地区分布基本呈一条较为紧密的 45°线。具体表现为：首先，饮料制造业 30 个省份的全要素生产率增长率均为正值，但是技术效率增长率有正有负，饮料制造业 50% 的省份分布在Ⅰ区，技术效率增长率为正；北京市饮料制造业的技术效率不变；14 个省份分布在Ⅱ区和Ⅲ区，技术效率增长率为负。其次，提高技术效率增长率能够推进全要素生产率增长率向前迈进，也存在不同省份拥有相同的技术效率增长率，他们的全要素生产率增长率却不同，源于各省份饮料制造业的技术进步增长率有区别，较

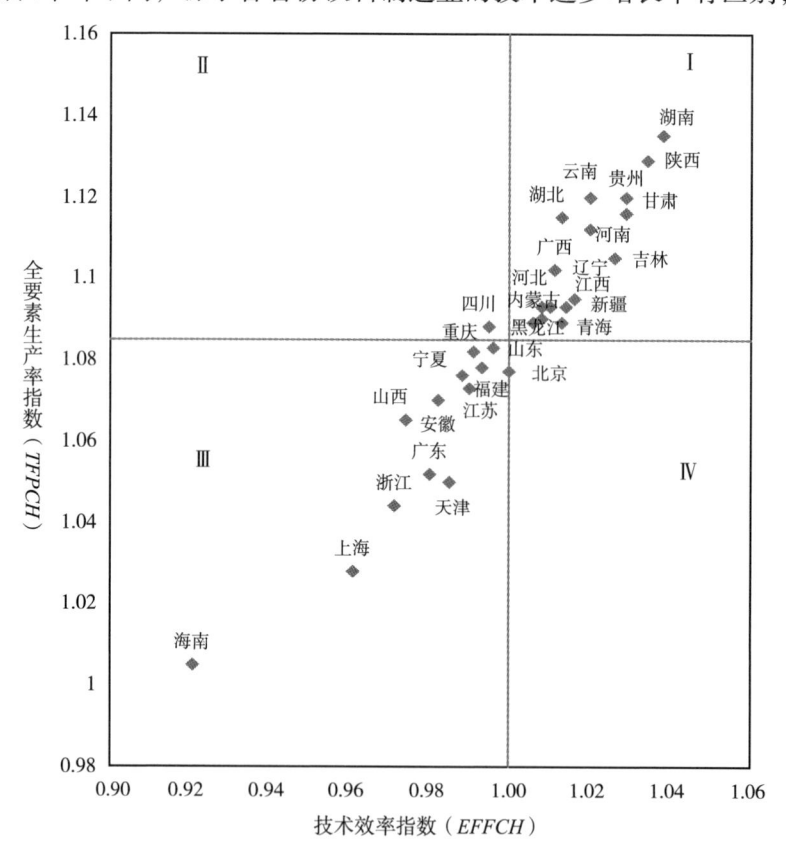

图 4-2 中国饮料制造业地区技术效率动态变化

第4章 基于宏观数据的中国饮料制造业全要素生产率测算与分析

高的技术进步增长率会拉动生产率增长率的提高。再次，位于均值交叉处的各省份饮料制造业，随着生产率、技术进步与技术效率的提高或者降低，由Ⅱ区和Ⅲ区进入Ⅰ区或者从Ⅰ区滑出。最后，我们发现技术效率增长率居于首位的湖南，其全要素生产率增长率也居于全国首位，而技术效率增长率最低的海南，其全要素生产率增长率也在全国排名最低。

将中国饮料制造业30个省份纯技术效率与技术效率的关系以图4-3呈现。30个省份作为样本，以纯技术效率指数和技术进步指数的平均值为界限，将平面坐标划分四个区域，饮料制造业各省份的纯技术效率与技术效率正相关，各地区分布呈小幅度波动的45°线。具体表现为：第一，技术效率和纯技术效率的增长率均有正有负，全国技术效率增长率的均值保持不变，全国纯技术效率增长率的均值为0.5%。第二，饮料制造业有14个省份分布在Ⅰ区，湖南、陕西和甘肃的纯技术效率增长率、技术效率增长率均排全国前三位。第三，有相同纯技术效率增长率的地区饮料制造业，其技术效率增长率不同，如位于Ⅰ区的贵州和吉林，源于贵州的规模效率增长率略高于吉林。所以，纯技术效率增长率

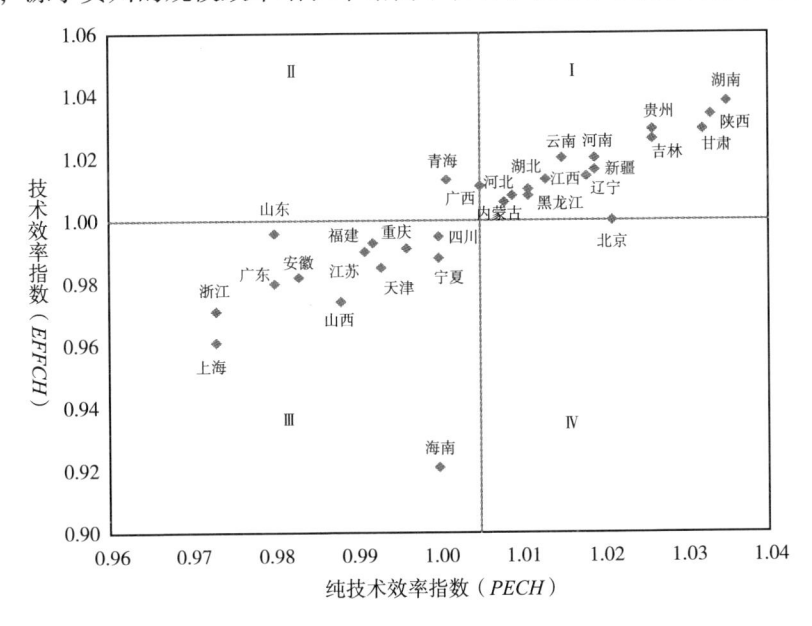

图4-3 中国饮料制造业地区纯技术效率动态变化

与规模效率增长率对技术效率提高都会产生影响。第四，北京位于Ⅰ区与Ⅳ区的交界处，广西位于Ⅰ区与Ⅱ区的交界处，青海位于Ⅱ区。北京饮料制造业的纯技术效率增长率虽然较高，但是技术效率增长率却低于广西与青海，是由较低的规模效率增长率造成的；而三个省份中青海饮料制造业的纯技术效率增长率最低，而技术效率增长率最高，源于其具有较高的规模效率。第五，饮料制造业有13个省份位于Ⅲ区，其中浙江和上海的纯技术效率增长率最低，但是技术效率不是全国最低；海南的技术效率增长率最低。

因此，在提高企业全要素生产率的过程中，不仅需要提高技术进步、技术效率，还要考虑与技术效率有关联的纯技术效率和规模效率。

将中国饮料制造业30个省份规模效率与技术效率的关系以图4-4呈现。30个省份作为样本，以规模效率指数和技术效率指数的平均值（-0.4,0）为界限，将平面坐标划分四个区域，饮料制造业各省份的规模效率与技术效率仍然是正相关的关系，从地区分布状态可以发现，这个图所呈现的地区分布比较特殊，各地区分布在平面坐标的Ⅰ、Ⅲ、Ⅳ三个区域，整体呈菱形，仅海南没有在菱形内。具体表现为：第一，全国29个省份饮料制造业规模效率增长率在-2%~2%变化，规模效率的变化值远远小于其他分解变量增长率的变化值，但是对技术效率增长率的影响不容忽视。第二，海南饮料制造业规模效率增长率为-7.9%，居全国最后，尽管其纯技术效率增长率保持不变且在全国居于中游位置，海南饮料制造业的技术效率增长率受规模效率的拖拉仍排在全国最后，最终其全要素生产率增长率也居于全国末位。第三，Ⅰ区分布着比较集中的16个省份，尽管这些地区饮料制造业技术效率增长率为正值，但是规模效率增长率有正有负。湖南饮料制造业的规模效率没有居于首位，但是其生产率增长率居全国首位，技术进步、纯技术效率均为生产率的增长作出了贡献；山东饮料制造业规模效率增长率居全国首位，但是技术效率增长率为负值，是较低的纯技术效率拖拉了技术效率增长率。第四，北京在Ⅱ区和Ⅲ区的交界处，Ⅲ区分布着7个地区，除了海

第4章 基于宏观数据的中国饮料制造业全要素生产率测算与分析

南，6个省份饮料制造业的规模效率增长率差距不大，但是他们的技术效率增长率差别却很大。第五，分布在Ⅳ区的6个地区饮料制造业的规模效率增长率均为正值，他们的技术效率增长率均为负值。

因此，纯技术效率和规模效率共同影响了技术效率的增长。生产率是根本，技术效率是提高生产率的有效途径。各省份饮料制造业企业在发展过程中，根据自身生产能力，合理控制企业规模，不应盲目扩大，企业的规模效率不是企业越大越好。

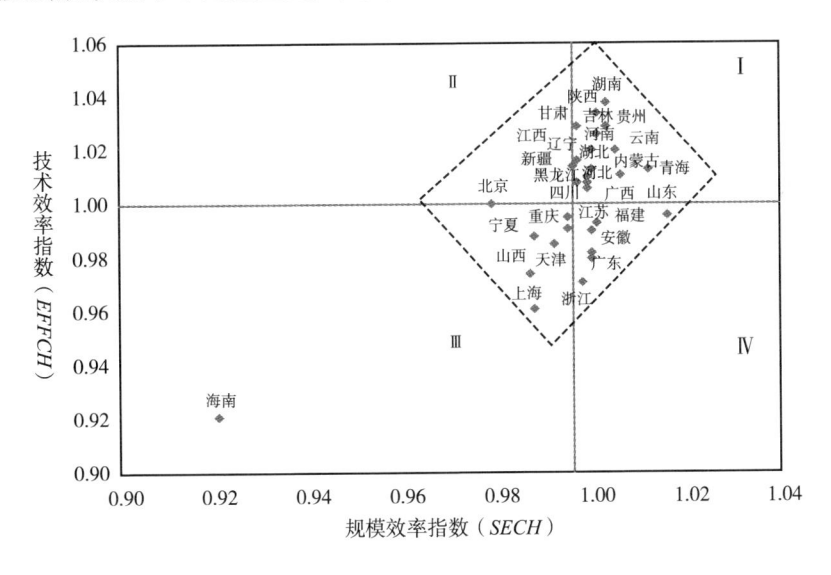

图4-4 中国饮料制造业地区规模效率动态变化

综上所述，在全要素生产率增长率超过全国平均值的17个省份中，排名在前16位的省份各指标增长率均表现良好，只有排在第17位的四川饮料制造业的技术效率、纯技术效率和规模效率增长率均低于全国的平均值。但是，由于其技术进步增长率在全国排名第三位，技术进步的增长抵消了技术效率的一部分负面影响。饮料制造业全要素生产率增长率排名前三位的省份各分解变量均表现极佳，湖南饮料制造业的技术效率和纯技术效率增长率在全国均居首位，技术进步增长率在全国排名第三位；陕西技术效率和纯技术效率增长率均排全国第二位；云南技术进步增长率全国排名第二位；贵州技术效率增长率全国排名第三位。反观饮料制造业全要素生产率增长率较差的省份，他们的分解变量增长率不佳的居多，如海南在各个分解变量增长率均表现不佳，最终导致生产率增长率排名最低。所以，技术进步、技术效率提高均会促进全要素生产率的增长，纯技术效率、规模效率提高也会促进技术效率的增长。通过对各省份全要素生产率及技术进步、技术效率等分解变量的研究，我们发现了各省份饮料制造业全要素生产率增长的有效路径，各省份应该根据自己存在的问题，通过可行性路径实现本地区饮料制造业经济的可持续增长。

4.2.3 中国饮料制造业区域 TFP 变动趋势分析

表 4-1、表 4-2 中给出了 2000~2015 年中国饮料制造业按年份研究的 TFP、Malmquist 指数及其分解数值。我们发现，21 世纪以来，除了 2000~2001 年、2012~2013 年中国饮料制造业的全要素生产率增长率出现了负增长，其他年份均为正增长。

表 4-2 　　　　2000~2015 年中国饮料制造业 TFP 及其分解

年份	TFPCH	TECHCH	EFFCH	PECH	SECH
2000~2001	0.995	1.021	0.974	1.005	0.969
2001~2002	1.041	1.047	0.994	0.999	0.995
2002~2003	1.122	1.133	0.990	0.993	0.998
2003~2004	1.151	1.065	1.080	1.042	1.037
2004~2005	1.153	1.174	0.983	1.000	0.983
2005~2006	1.192	1.141	1.045	1.038	1.007
2006~2007	1.163	1.144	1.017	1.011	1.006
2007~2008	1.057	1.132	0.934	0.927	1.007
2008~2009	1.084	0.966	1.122	1.077	1.042
2009~2010	1.054	1.105	0.954	1.013	0.942
2010~2011	1.160	1.104	1.051	1.045	1.006
2011~2012	1.228	1.537	0.799	0.848	0.943

第4章 基于宏观数据的中国饮料制造业全要素生产率测算与分析

续表

年份	TFPCH	TECHCH	EFFCH	PECH	SECH
2012~2013	0.845	0.687	1.230	1.190	1.034
2013~2014	1.040	1.063	0.978	0.961	1.018
2014~2015	1.053	1.144	0.921	0.964	0.955
均值	1.085	1.085	1.000	1.005	0.996

注：Malmquist 生产率指数用 TFPCH 表示、技术进步指数用 TECHCH 表示、技术效率变化指数用 EFFCH 表示，纯技术效率变化指数用 PECH 表示、规模效率变化指数用 SECH 表示。以上各个指数为采用 DEA–Malmquist 指数法测算出来的指数数值。各指标增长率 =（各指标指数数值 -1）×100%。

接下来我们把中国 30 个省份划分成三个区域，即东部（13 个省份）、中部（6 个省份）、西部（11 个省份）。

表4-3　2000~2015 年中国饮料制造业 TFP 的 Malmquist 指数及其分解

年份	东部 TFPCH	东部 TECHCH	东部 EFFCH	中部 TFPCH	中部 TECHCH	中部 EFFCH	西部 TFPCH	西部 TECHCH	西部 EFFCH
2000~2001	1.028	1.042	0.987	0.985	1.064	0.925	0.980	0.946	1.036
2001~2002	1.059	1.029	1.029	0.966	1.019	0.948	1.059	1.008	1.051
2002~2003	1.123	1.155	0.972	1.183	1.050	1.126	1.087	1.045	1.040
2003~2004	1.094	1.055	1.037	1.219	1.263	0.966	1.198	1.195	1.002
2004~2005	1.146	1.161	0.987	1.170	1.107	1.057	1.156	1.179	0.980
2005~2006	1.151	1.111	1.036	1.258	1.241	1.014	1.259	1.137	1.108
2006~2007	1.127	1.134	0.993	1.211	1.276	0.950	1.135	1.179	0.962
2007~2008	1.063	1.119	0.950	1.083	1.095	0.989	1.090	1.120	0.974
2008~2009	1.021	0.985	1.036	1.082	0.993	1.090	1.129	1.135	0.994
2009~2010	1.055	1.086	0.972	1.140	1.110	1.027	1.002	1.067	0.940
2010~2011	1.125	1.073	1.048	1.210	1.231	0.983	1.193	1.100	1.085
2011~2012	1.130	1.263	0.895	1.187	1.383	0.859	1.411	1.471	0.959
2012~2013	0.872	0.778	1.120	0.848	0.786	1.079	0.836	0.776	1.077
2013~2014	1.019	1.018	1.002	1.037	1.083	0.957	1.053	1.054	0.999
2014~2015	0.945	0.974	0.971	1.105	1.166	0.948	1.019	1.031	0.989
均值	1.061	1.060	1.001	1.106	1.115	0.992	1.100	1.087	1.012

注：Malmquist 生产率指数用 TFPCH 表示、技术进步指数用 TECHCH 表示、技术效率变化指数用 EFFCH 表示，纯技术效率变化指数用 PECH 表示、规模效率变化指数用 SECH 表示。以上各个指数为采用 DEA–Malmquist 指数法测算出来的指数数值。各指标增长率 =（各指标指数数值 -1）×100%。

为了清晰比较全国及东部、中部、西部地区在 2000~2015 年的 TFP 增长率水平、技术进步增长率水平及技术效率增长率水平，根据表 4-1、表 4-3 编制出表 4-4。通过表 4-4 比较发现，与全国饮料制造业的 TFP 增长率的平均水平相比较，中部、西部地区高于均值，而东部地区则低于均值。我们还发现东部、西部地区饮料制造业技术进步增长率和技术效率增长率均为正值，二者共同推动 TFP 增长，而对于中部地区饮料制造业，其技术进步是 TFP 增长的主要动力，技术效率对 TFP 增长则具有拖累效应。

表 4-4　　2000~2015 年中国饮料制造业三个区域 TFP 的增长率水平及其分解　　单位：%

地区	TFPCH	TECHCH	EFFCH
全国	8.50	8.50	1.00
东部	6.10	6.00	0.10
中部	10.60	11.50	-0.80
西部	10.00	8.70	1.20

注：各指标增长率 =（各指标指数数值 -1）×100%。

为了更直观地分析全国以及三个区域饮料制造业的 TFP 增长率变化趋势，我们采用线形图形式呈现出变化趋势，如图 4-5 所示。我们

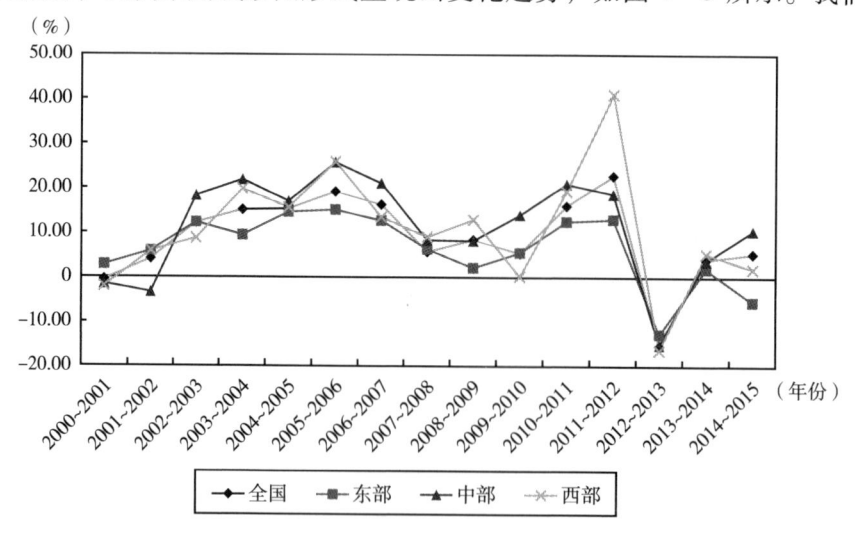

图 4-5　中国饮料制造业 TFP 增长率全国以及三个区域差异及变化趋势

第 4 章　基于宏观数据的中国饮料制造业全要素生产率测算与分析

发现，中国饮料制造业全要素生产率的增长率是呈现出倒"U"型态势，东部、中部、西部三个区域饮料制造业的全要素生产率增长率的波动围绕着全国主线上下浮动，基本与全国保持一致。

4.3　中国饮料制造业 TFP 增长的收敛性分析

国内外关于 TFP 收敛的研究有很多，如伯纳德和琼斯（Bernard & Jones，1996）、米勒和阿帕德海耶（Miller & Upadhyay，2002）、彭国华（2005）、李健等（2015）、李健和盘宇章（2018）等，他们的研究方法丰富了收敛性检验的内容，本章借鉴上述学者的研究方法将对全国及三个区域饮料制造业的全要素生产率增长进行 α - 收敛、β - 绝对收敛和 β - 条件收敛三种检验。我们在对地区饮料制造业全要素生产率增长进行收敛性检验时所使用的数据是基于数据包络分析方法计算出来的相对增长率，为了得到各个区域的定基全要素生产率增长率指数，本章借鉴李健等（2015）及李健和盘宇章（2018）的研究方法，将 2000 年的数值设定为 1，并结合前面测算出来的相对增长率，在此基础上测算出本章所需要的实证数据。首先将全国和东部、中部、西部三个区域的饮料制造业全要素生产率增长指数对数后取标准差，检验其是否具有 α - 收敛，如图 4 - 6 所示。从图 4 - 6 中的曲线变化趋势可以看出，全国和三个区域饮料制造业全要素生产率增长从 2000 ~ 2007 年呈现出了收敛且在 2007 年收敛到一点，然而从 2008 年开始，全国及三个区域饮料制造业全要素生产率增长呈现出了发散的趋势。在 2008 年以前，东部地区的饮料制造业生产率增长率的标准差是最低的，这说明东部地区的饮料制造业生产率增长内部差距比中西部地区的内部差距更小，自 2008 年起，东部地区饮料制造业生产率增长内部差距小的状态发生了相反的变化，其差距由此逐渐增加。

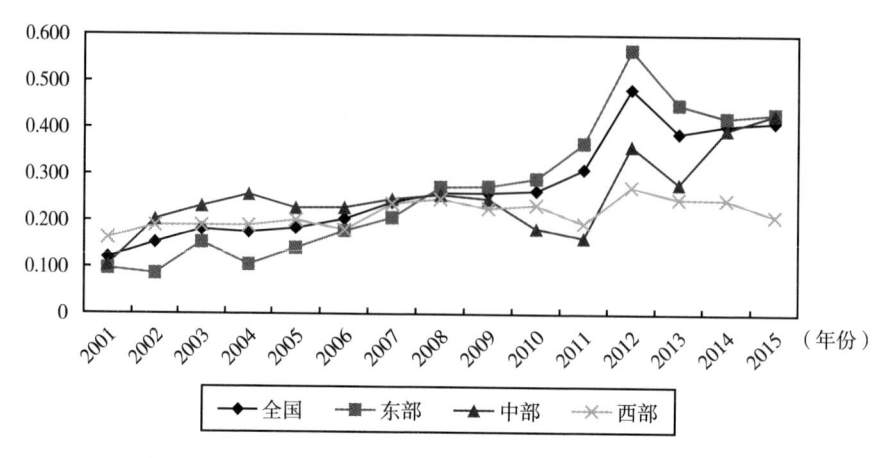

图 4-6　全国及三个区域饮料制造业全要素生产率指数的
对数的标准差趋势

在检验饮料制造业全要素生产率增长是否具有 β - 绝对收敛中，本章借鉴彭国华（2005）和李健等（2015）的研究方法，将模型设定为：

$$(\text{Ln}TFP_{2015} - \text{Ln}TFP_{2001})/15 = \alpha + \beta \text{Ln}TFP_{2001} + \varepsilon \quad (4-2)$$

式（4-2）中，饮料制造业 TFP 增长具有 β - 绝对收敛的条件是公式（4-2）中的系数 $\beta<0$ 且显著。在此，我们需要解释为什么选择起始期为 TFP_{2001}。主要因为本章采用 DEA 方法对全要素生产率进行测算，这样测算出来的结果是相对值，若将 2000 年作为各地区的初始年份，设 $TFP_{2000}=1$，在进行对数计算之后结果为 0，故取 TFP_{2000} 没有意义。所以，本章选择了 2001 年饮料制造业的全要素生产率增长率作为初始数值。表 4-5 报告了采用最小二乘回归方法对饮料制造业全要素生产率增长进行 β - 绝对收敛检验结果。由表 4-5 可知，全国饮料制造业全要素生产率增长是具有收敛趋势的，但不显著，这表明全国饮料制造业全要素生产率增长差距呈现出逐年缩小的趋势，但这种缩小的速度并不是太明显。东部地区的回归模型中系数 β 为负值且在 10% 水平上显著，而西部地区的回归模型中系数 β 为负值但不显著，这表明东部地区饮料制造业全要素生产率差距存在显著的收敛趋势，而西部地区饮料制造业全要素生产率差距具有收敛趋势但不太明显。而中部地区的回归模型中系数 β 为正值且在 10% 水平上显著，这表明中部地区饮料制

第4章 基于宏观数据的中国饮料制造业全要素生产率测算与分析

造业全要素生产率差距有增大的趋势。

表4-5　　　　饮料制造业全要素生产率绝对收敛检验（OLS回归）

变量	全国	东部	中部	西部
$LnTFP_{2001}$	-0.060 (-1.39)	-0.166* (-1.96)	0.167* (2.31)	-0.016 (-0.69)
常数项	0.0818*** (15.98)	0.062*** (7.55)	0.105*** (15.03)	0.096*** (26.22)
R-squared	0.064	0.260	0.572	0.050

注：括号内为t值；*，***分别表示在10%、1%显著水平。

我们借鉴米勒和阿帕德海耶（2002）、彭国华（2005）、李健等（2015）等学者的研究方法，采用静态面板固定效应模型进行条件收敛性检验。因为固定效应模型假设不可观测的个体异质性与解释变量可以存在相关关系，而随机效应模型则假定不可观测的个体异质性与解释变量不相关。由于允许面板数据的固定效应项对应着不同经济体各自不同的稳态条件，故不需要再加入其他控制变量。为了检验中国饮料制造业的TFP是否具有条件收敛，设定模型如下：

$$d(LnTFP_t) = LnTFP_{it} - LnTFP_{i,t-1} = \alpha + \beta LnTFP_{i,t-1} + \varepsilon_{it} \quad (4-3)$$

其中，符号d表示差分过程，下角标i和t分别代表横截面和时间，ε_{it}表示随机误差项。回归结果如表4-6所示。全国及三个区域的系数$\beta<0$，这说明，无论在全国层面还是在东部、中部、西部三个地区层面，饮料制造业全要素生产率增长都存在显著的条件收敛。

表4-6　　　　饮料制造业全要素生产率静态面板条件收敛检验（固定效应）

变量	全国	东部	中部	西部
L.LnTFP	-0.0723*** (-4.72)	-0.108*** (-4.03)	-0.054* (-1.72)	-0.055** (-2.38)
常数项	0.128*** (10.40)	0.126*** (6.64)	0.131*** (4.75)	0.134*** (6.64)
F检验统计量 （p-值）	22.25 (0.0000)	16.25 (0.0001)	2.97 (0.0887)	5.67 (0.0185)
样本量	450	195	90	165

注：括号内为t值；*，**，***分别表示在10%、5%和1%显著水平。

为了检验表 4-6 中固定效应回归结果的稳定性，我们进一步采用动态面板一阶差分广义矩估计（GMM）的两阶段方法进行分析，将式（4-3）的模型变为如下形式：

$$\text{Ln}TFP_{it} = \alpha + (\beta+1)\text{Ln}TFP_{i,t-1} + \varepsilon_{it} \quad (4-4)$$

在采用动态面板模型进行估计时，由于回归方程的变化，系数为 $\beta+1$，则需要检验 $\beta+1<1$ 的显著性。回归结果如表 4-7 所示。全国及东部、中部、西部三个区域的回归结果均通过了随机误差项无二阶自相关检验，即不拒绝原假设"随机误差项无二阶自相关"。同时，全国及三个区域的回归方程全部通过了 Sargan 检验，即无法拒绝"所有工具变量均有效的"原假设。各个模型中变量 $L.\text{Ln}TFP$ 的系数 $\beta+1$ 小于 1 且显著，说明全国以及三个区域饮料制造业全要素生产率增长均显著地存在条件收敛。结合表 4-6 和表 4-7 中的回归结果，我们可以认为无论是从全国层面还是从东部、中部、西部地区层面，饮料制造业全要素生产率增长均出现了条件收敛。

表 4-7 饮料制造业全要素生产率动态面板条件收敛检验（差分 GMM 两步法）

变量	全国	东部	中部	西部
$L.\text{Ln}TFP$	0.816 *** (102.52)	0.757 *** (27.16)	0.657 *** (5.71)	0.846 *** (61.81)
常数项	0.196 *** (52.99)	0.199 *** (9.65)	0.321 *** (4.13)	0.197 *** (17.21)
AR (1) p-value	0.0001	0.0147	0.1739	0.0114
AR (2) p-value	0.9480	0.5970	0.8640	0.8900
Sargan 检验量 (P-值)	28.3698 (0.2448)	12.2283 (0.9772)	3.7103 (1.0000)	9.7404 (0.9955)
Wald chi2 (1) (P-值)	10510.26 (0.0000)	737.79 (0.0000)	32.57 (0.0000)	3820.93 (0.0000)
样本量	420	182	84	154

注：括号内为 t 值；*** 表示在 1% 显著水平。

第 4 章 基于宏观数据的中国饮料制造业全要素生产率测算与分析

4.4 本章小结

本章运用数据包络分析方法测算了中国 30 个省份 2000~2015 年饮料制造业全要素生产率水平并将其分解，同时对全要素生产率的增长是否具有收敛特征进行了检验。我们得到以下研究结论：第一，在全要素生产率增长率超过全国平均值的 17 个省份中，排名在前 16 位的省份增长率及分解变量均表现良好，全国排名第一位的湖南饮料制造业技术效率增长率和纯技术效率增长率在全国均居首位，技术进步增长率在全国排名第三位，反观饮料制造业全要素生产率增长率较差的省份，它们的分解变量增长率也表现不佳。所以，提高技术进步、技术效率能够促进生产率的增长，纯技术效率、规模效率提高也会促进技术效率的增长。第二，2000~2015 年，除了 2000~2001 年、2012~2013 年中国饮料制造业的全要素生产率增长率出现了负增长以外，其他年份均为正增长。其中，中国饮料制造业的全要素生产率的平均增长率为 8.5%，同期技术进步的平均增长率均为 8.5%，而技术效率保持不变，纯技术效率的平均增长率为 0.5%，规模效率的平均增长率为 -0.4%。由此可知，技术进步是中国饮料制造业全要素生产率提高的主要推动力，其中纯技术效率是改善技术效率的主要推动力。因此，应该对饮料制造业技术效率的改善给予高度重视。实证结果表明，饮料制造业全要素生产率增长完全由技术进步支持，而技术效率保持不变，这说明技术效率改善的空间较大；饮料制造业可以加强企业管理水平和提升劳动者的技能，提高企业运行的效率，以便进一步提高其全要素生产率。第三，中国及东部、中部和西部地区饮料制造业的 *TFP* 增长率均呈现出倒 "U" 型态势，中部和西部的全要素生产率水平显著高于全国平均水平，而东部的全要素生产率水平显著低于全国平均水平。其中，东部和西部地区饮料制造业全要素生产率的增长是由技术进步和技术效率改善共同推动的，而对于中部地区而言,饮料制造业全要素生产率增长的唯一推动力为技术进步,而技术效率的恶化产生了一定程度的拖累效应。第四,通过研究发现,全国及西部地区的饮料制造业呈现不显著的绝对收敛,而东部地区则呈现显著的绝对收敛,中部地区没有呈现出绝对收敛,说明仅中部地区的饮料制造业全要素生产率增长差异不断扩大,而我们也发现无论从全国层面还是从三个区域层面均发现了显著的条件收敛,这说明全国及三个地区内部的饮料制造业全要素生产率增长不断趋同,但是区域之间依旧存在明显的差异。因此,国家在支持饮料制造业发展的过程中应该努力协调不同区域之间的行业发展,避免过于重视东部地区饮料制造业的发展而忽略了中西部地区的发展,应该协调发展不同区域的饮料制造业。

第5章

基于微观数据的中国饮料制造业全要素生产率测算与分析

目前，中国饮料制造业整体集中度较低，具备稳定地位的龙头企业较少，消费者对国内品牌的忠诚度不高，国外相关成熟产品冲击国内市场，使本就是新兴产业的饮料制造业企业处在强有力的竞争环境中寻求生存与发展。本章基于微观数据测算与分析中国饮料制造业的全要素生产率增长率及分解，考虑数据获得的准确性及研究的科学性，选取饮料制造业上市企业作为研究对象。

国内学者从白酒、啤酒、酿酒业和饮料制造业多角度实证分析企业的全要素生产率及分解变量的增长，样本数据分析选择的时间区间较短，以饮料制造业上市企业为样本的较少，以区域划分的研究更少。因此，为了弥补现有研究的不足，保证研究结论的可靠性，通过增加研究时间、选择时间跨度内数据完整的上市企业来扩大样本容量，既从上市企业角度又从区域空间角度研究饮料制造业上市企业的全要素生产率。本章继续尝试用非参数数据包络分析方法，以2001~2015年中国饮料制造业24家上市企业为研究对象，测算其全要素生产率及其技术进步、技术效率等分解变量的增长率情况，同时按照东部、中部和西部分析上市企业全要素生产率增长的贡献是来自技术进步还是技术效率，为中国饮料制造业上市企业探寻提高生产效率的路径。

5.1 变量选取及数据说明

5.1.1 研究对象选取

由于深圳证券交易所提供的各饮料制造业上市企业年报始于 2001 年,根据各地区饮料制造业研究的时间区间,考虑饮料制造业上市企业数据获取的完整性、准确性,本章对饮料制造业上市企业研究所选取的时间区间为 2001～2015 年,在此期间可以研究的沪深 A 股上市企业为 24 家。同时将样本按东部、中部和西部划分。东部地区:北京的燕京啤酒、顺鑫农业;吉林的通葡股份;河北的承德露露;上海的金枫酒业;山东的青岛啤酒、张裕 A;江苏的维维股份;浙江的古越龙山;广东的深深宝 A;海南的海南椰岛。中部地区:山西的山西汾酒;湖南的酒鬼酒;安徽的古井贡酒、金种子酒。西部地区:四川的五粮液、泸州老窖、水井坊、沱牌舍得;贵州的贵州茅台;重庆的重庆啤酒;甘肃的兰州黄河;新疆的伊力特;西藏的西藏发展。按照企业性质划分为国有企业 8 家,民营企业 3 家,国有相对控股企业 4 家,民营相对控股企业 3 家,中外合资企业 4 家。按照企业主营业务内容可以得知主营白酒的企业有 11 家,主营黄酒的企业有 2 家,主营啤酒的企业有 4 家,主营葡萄酒的企业有 2 家,主营饮料的企业有 3 家,1 家主营保健酒和饮料,1 家主营啤酒、麦芽和饮料,发现所研究的 24 家饮料制造业上市企业的主营业务侧重为白酒,这也符合我国酿酒业发展历史最为久远的事实(见表 5-1)。

表 5-1　　　　　中国饮料制造业上市企业(24 家)

序号	公司简称	主要业务	企业性质	所在省份	所处区域
1	贵州茅台	白酒	国有企业	贵州	西部
2	五粮液	白酒	国有企业	四川	西部

第5章 基于微观数据的中国饮料制造业全要素生产率测算与分析

续表

序号	公司简称	主要业务	企业性质	所在省份	所处区域
3	泸州老窖	白酒	国有企业	四川	西部
4	青岛啤酒	啤酒	中外合资企业	山东	东部
5	水井坊	白酒	中外合资企业	四川	西部
6	山西汾酒	白酒	国有企业	山西	中部
7	燕京啤酒	啤酒	民营企业	北京	东部
8	顺鑫农业	白酒	国有相对控股企业	北京	东部
9	沱牌舍得	白酒	民营企业	四川	西部
10	维维股份	饮料	民营相对控股企业	江苏	东部
11	重庆啤酒	啤酒	中外合资企业	重庆	西部
12	古井贡酒	白酒	国有企业	安徽	中部
13	承德露露	饮料	民营企业	河北	东部
14	酒鬼酒	白酒	国有企业	湖南	中部
15	张裕A	葡萄酒	民营相对控股企业	山东	东部
16	古越龙山	黄酒	国有企业	浙江	东部
17	海南椰岛	保健酒、饮料	国有相对控股企业	海南	东部
18	伊力特	白酒	国有企业	新疆	西部
19	金枫酒业	黄酒	民营相对控股企业	上海	东部
20	深深宝A	饮料	国有相对控股企业	广东	东部
21	西藏发展	啤酒	民营相对控股企业	西藏	西部
22	通葡股份	葡萄酒	中外合资企业	吉林	东部
23	金种子酒	白酒	国有相对控股企业	安徽	中部
24	兰州黄河	啤酒、麦芽、饮料	民营相对控股企业	甘肃	西部

资料来源：根据国泰安数据库和饮料制造业上市企业年报整理。

5.1.2 变量选取及数据来源说明

本章在继续沿用数据包络分析方法时仍然需要三个核心变量，分别为实际产出、资本投入和劳动投入。实际产出数值采用各个企业年末的营业总收入表示。资本投入采用固定资产，即非流动资产合计的值，其

中包括可供出售金融资产、持有至到期资产、长期应收款、长期股权投资、投资性房地产、固定资产、在建工程、工程物资、无形资产、长期待摊费用、递延所得税资产和其他非流动资产。劳动力投入采用各个饮料制造业上市企业年报中截至年末的公司在册人数来衡量，其中北京顺鑫农业股份有限公司2005年年报没有提供员工人数，采用算数平均法进行补充。以上数据来源于Wind资讯金融终端、2001~2015年各个饮料制造业上市企业年报。

5.2 实证结果分析

5.2.1 上市企业TFP变动趋势分析

根据第4章的理论分析方法，我们继续采用数据包络分析方法（DEA）常用软件DEAP2.1计算出2001~2015年中国饮料制造业24家上市企业的Malmquist指数并对其进行分解，具体结果如表5-2所示。由表5-2可知，在2001~2015年样本期间，中国饮料制造业上市企业全要素生产率的平均增长率为4.4%，同期技术进步的平均增长率为4.6%，同期技术效率的平均增长率为-0.2%，其中纯技术效率和规模效率均出现了负增长，二者的平均增长率均为-0.1%。由此可知，技术进步作为主要推动力提高了饮料制造业上市企业的全要素生产率，而技术效率制约了全要素生产率的提高。其中，24家上市企业中有13家企业的技术进步和技术效率均为正增长，分别是：五粮液、泸州老窖、青岛啤酒、山西汾酒、顺鑫农业、重庆啤酒、古井贡酒、承德露露、伊力特、深深宝A、西藏发展、通葡股份和兰州黄河。全要素生产率增长率超过平均值的12家企业的技术进步、技术效率均为正增长，山西汾酒的技术进步、技术效率均为正增长，其全要素生产率增长率的值为4.1%，接近平均值。

第 5 章　基于微观数据的中国饮料制造业全要素生产率测算与分析

表 5-2　2001~2015 年中国饮料制造业上市企业全要素生产率的 Malmquist 指数及其分解（按企业）

企业	TFPCH	TECHCH	EFFCH	PECH	SECH
贵州茅台	0.991	1.025	0.967	1.000	0.967
五粮液	1.060	1.042	1.017	1.000	1.017
泸州老窖	1.155	1.092	1.058	1.047	1.010
青岛啤酒	1.053	1.042	1.011	0.991	1.020
水井坊	1.013	1.054	0.962	0.968	0.994
山西汾酒	1.041	1.038	1.003	1.000	1.002
燕京啤酒	1.000	1.028	0.973	0.947	1.027
顺鑫农业	1.063	1.029	1.032	1.054	0.980
沱牌舍得	1.009	1.031	0.979	1.001	0.978
维维股份	0.997	1.046	0.953	0.955	0.997
重庆啤酒	1.068	1.056	1.012	1.022	0.990
古井贡酒	1.050	1.047	1.003	1.022	0.981
承德露露	1.071	1.059	1.011	1.000	1.011
酒鬼酒	1.024	1.044	0.981	1.028	0.954
张裕 A	0.958	1.028	0.932	0.930	1.003
古越龙山	1.039	1.041	0.999	1.012	0.987
海南椰岛	0.970	1.065	0.911	0.972	0.937
伊力特	1.130	1.067	1.059	1.053	1.006
金枫酒业	0.986	1.040	0.948	0.961	0.986
深深宝 A	1.092	1.055	1.035	0.979	1.057
西藏发展	1.136	1.077	1.055	1.041	1.013
通葡股份	1.065	1.044	1.020	1.000	1.020
金种子酒	1.010	1.034	0.977	0.975	1.002
兰州黄河	1.104	1.029	1.073	1.038	1.034
平均值	1.044	1.046	0.998	0.999	0.999

注：TFPCH 为 Malmquist 生产率指数、TECHCH 为技术进步指数、EFFCH 为技术效率变化指数，PECH 为纯技术效率变化指数、SECH 为规模效率变化指数。TFPCH、TECHCH、EFFCH、PECH、SECH 为采用 DEA-Malmquist 指数法测算出来的指数数值。各指标增长率 =（全要素生产率的 Malmquist 指数及分解数值 -1）×100%。

下面将 2001~2015 年中国饮料制造业 24 家上市企业全要素生产率增长及分解进行具体分析。

(1) 全要素生产率增长率。在24家上市企业中，有12家企业的全要素生产率增长率超过了平均值，分别为泸州老窖、西藏发展、伊力特、兰州黄河、深深宝 A、承德露露、重庆啤酒、通葡股份、顺鑫农业、五粮液、青岛啤酒和古井贡酒。其中，泸州老窖高居首位，高于全要素生产率增长率的平均值11.1%，其全要素生产率增长率为15.5%。饮料制造业24家上市企业全要素生产率增长率低于均值且为正值的有6家，由高到低依次为山西汾酒、古越龙山、酒鬼酒、水井坊、金种子酒和沱牌舍得；燕京啤酒全要素生产率增长率保持不变；5家企业全要素生产率增长率为负值，由高到低依次为维维股份、贵州茅台、金枫酒业、海南椰岛和张裕 A。

(2) 技术进步增长率。饮料制造业24家上市企业技术进步增长率均为正值，对全要素生产率的提高具有促进作用。24家企业技术进步增长率均值为4.6%，高于均值的企业有9家，泸州老窖以高于均值4.2个百分点居于首位，西藏发展和伊力特居于第二位、第三位；维维股份技术进步等于均值；贵州茅台技术进步为2.5%，在24家企业中排名最后。

(3) 技术效率增长率。饮料制造业24家上市企业技术效率增长率均值为－0.2%，饮料制造业上市企业的技术效率对全要素生产率起到了拖拉作用。其中，在均值以上且为正值的有13家企业，包括前面提到的全要素生产率增长率超过均值的12家企业和山西汾酒，古越龙山的技术效率为－0.1%，其余10家企业技术效率为负且低于均值。兰州黄河以高于均值7.5个百分点居于首位，伊力特和泸州老窖分别位于第二位、第三位，海南椰岛的技术效率为－8.9%，排名最后。

(4) 纯技术效率增长率。饮料制造业24家上市企业纯技术效率增长率均值为－0.1%，饮料制造业上市企业的纯技术效率对技术效率具有抑制作用。其中，为正值的企业有10家，纯技术效率保持不变的有5家，为负值的有9家。顺鑫农业以高于均值5.5个百分点居于首位，伊力特和泸州老窖位于第二位、第三位，张裕 A 的纯技术效率为－7.0%，排名最后。

第 5 章　基于微观数据的中国饮料制造业全要素生产率测算与分析

（5）规模效率增长率。饮料制造业 24 家上市企业规模效率增长率均值也为 -0.1%，饮料制造业上市企业的规模效率对技术进步同样具有抑制作用。其中，为正值的企业有 13 家，为负值的企业有 11 家。深深宝 A 以高于 5.8 个百分点居于首位，兰州黄河和燕京啤酒分别位于第二位、第三位，海南椰岛的规模效率为 -6.3%，排名最后。

综上所述，全要素生产率增长率排在前 3 位的泸州老窖、西藏发展和伊力特均表现良好，技术进步和技术效率增长率仍保持在前 4 位，只是顺序略有变化，同时，纯技术效率和规模效率对 3 家企业的技术效率均有促进作用。因此，泸州老窖、伊力特和西藏发展保持了较高的生产效率，技术进步、技术效率和规模效率均为全要素生产率增长作出贡献。全要素生产率增长率为负的 5 家企业，技术效率对全要素生产率均具有抑制作用，仅张裕 A 的规模效率为正值，贵州茅台的纯技术效率保持不变，其他的规模效率和纯技术效率均抑制了技术效率的提高。

5.2.2　上市企业 TFP 变动趋势图解

将中国饮料制造业上市企业技术进步与全要素生产率的关系以图 5-1 呈现。取 24 家上市企业作为样本，以全要素生产率指数和技术进步指数的平均值为界限，将平面坐标划分四个区域，从企业分布状态可以发现，饮料制造业上市企业的全要素生产率对技术进步的依赖性较强，具体表现为：第一，有 7 家企业分布在 I 区，占比 29%，表示较高的技术进步水平使企业的全要素生产率增长表现极佳。其中，泸州老窖、西藏发展和伊力特明显表现出高技术进步水平，促进了全要素生产率的高速增长，古井贡酒在 I 区和 IV 区的交界处，极易滑出 I 区。第二，有 5 家企业分布在 II 区。其中，兰州黄河的技术进步水平没有表现很高，但是其全要素生产率增长表现极佳，说明有技术进步之外的其他因素促进全要素生产率的提高；五粮液和青岛啤酒较好的技术进步水平并没有带来相对更好的全要素生产率的提高，有滑出 II 区的可能。第三，Ⅲ区共有9家企业，说明较低的技术进步水平直接影响了全要素生产率增长。其中，山西汾酒、古越龙山和酒鬼酒在均值交叉线附近，如果能够进一步提高技术水平或其他，有机会进入Ⅰ区或者Ⅱ区；金枫酒业的技术进步水平与古越龙山相近，但是全要素生产率增长率却远远低于古越龙山，原因是技术进步存在低效率或者有其他因素抑制全要素生产率的增长。第四，Ⅳ区共有3家企业，它们虽有较高的技术进步水平，但是却没有带来较高的全要素生产率增长，尤其是海南椰岛，所以如何提高技术进步的效率、减少效率损耗是这3家企业关注的重点。第五，50%的上市企业分布在Ⅰ、Ⅱ区域，如果考虑全要素生产率指数大于1的企业，则包含了75%的企业，企业整体的表现为技术进步水平与全要素生产率增长呈正向关系。

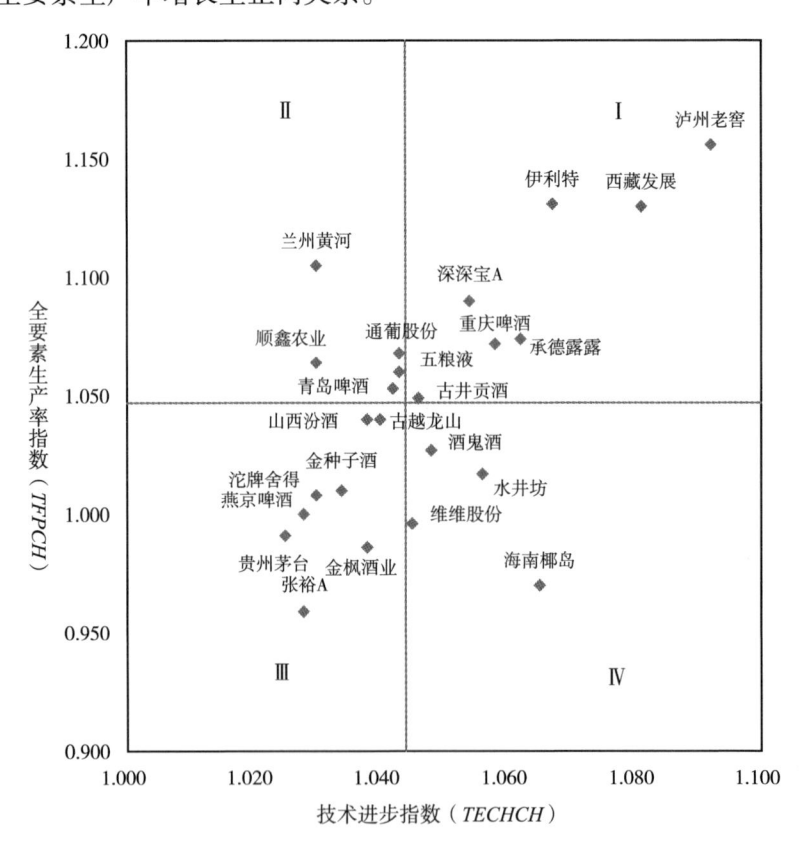

图5-1 中国饮料制造业上市企业技术进步动态效率变化

第 5 章　基于微观数据的中国饮料制造业全要素生产率测算与分析

综上所述，图 5-1 的平面坐标中。位于Ⅰ区和Ⅱ区的全要素生产率增长率高，位于Ⅲ区和Ⅳ区的全要素生产率增长率较低，技术进步的有效性可以提高企业全要素生产率。

将中国饮料制造业上市企业技术效率与全要素生产率的关系以图 5-2 呈现。取 24 家上市企业作为样本，以全要素生产率指数和技术效率指数的平均值为界限，将平面坐标划分四个区域，从企业分布状态可以发现，饮料制造业上市企业的全要素生产率与技术效率的关系在平面坐标上的分布比图 5-1 更为紧密，几乎所有企业均分布在平面坐标的Ⅰ区和Ⅲ区，技术效率与全要素生产率是完全正相关关系。具体表现为：首先，有 12 家企业分布在Ⅰ区，占比达到 50%，表示较高的技术效率会给企业带来较高的生产率。兰州黄河的技术效率增长率最高，其全要素生产率增长率排名第四位，全要素生产率增长率排名前三位的泸

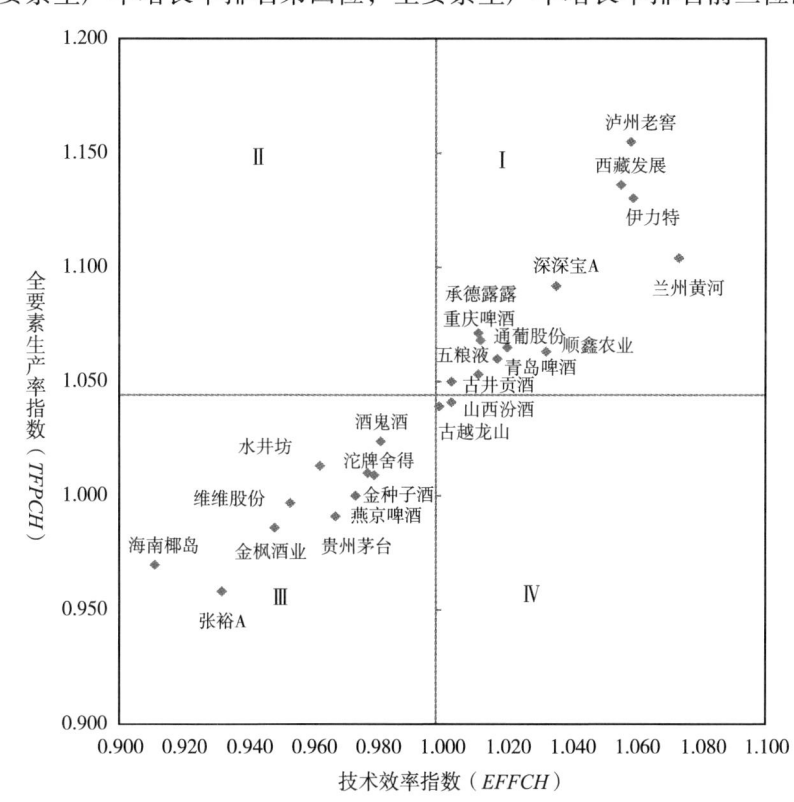

图 5-2　中国饮料制造业上市企业技术效率动态变化

州老窖、西藏发展和伊力特的技术效率增长率紧随兰州黄河的后面，古井贡酒和青岛啤酒在临近均值交叉处的边缘，容易滑出Ⅰ区。其次，古越龙山和山西汾酒分布在均值交叉处的Ⅳ区。他们的技术效率表现良好，生产率增长略低，如果企业进行战略调整后很容易进入Ⅰ区。最后，有10家企业分布在Ⅲ区，占比达到42%，技术效率的负增长同时导致生产率的增长率表现为负。其中，海南椰岛和张裕A表现最差，海南椰岛的技术进步表现较好，能够弥补技术效率所带来的一部分负面影响。该区的企业都应该重视技术效率的提高，研究更好的生产与经营方法促进全要素生产率的提高。

将中国饮料制造业规模效率与技术效率的关系以图5-3呈现。取24家上市企业作为样本，以技术效率指数和纯技术效率指数的平均值为界限，将平面坐标划分四个区域，从企业分布状态可以发现，饮料制造业上市企业的纯技术效率变化与技术进步的变化基本正相关。具体表现为以下几方面。

首先，Ⅰ区分布12家企业，占比达到50%。Ⅰ区表现比较突出的是兰州黄河、伊力特、泸州老窖、西藏发展和顺鑫农业，兰州黄河的纯技术效率增长不是最高的，却实现了最好的技术效率增长，说明这家企业的规模效率表现很好，二者共同推进了企业的技术效率增长；伊力特、泸州老窖、西藏发展和顺鑫农业的纯技术效率增长率均高于兰州黄河，他们的技术效率的增长却低于兰州黄河，源于他们的规模效率增长低于兰州黄河，因此，3家企业在保持纯技术效率增长的同时，重视企业规模有利于生产效率的进一步提高，尤其是纯技术效率增长率居于首位的顺鑫农业，更应该重视规模效率的提高；通葡股份、五粮液、承德露露和山西汾酒位于纵向均值线的边缘，如果滑出Ⅰ区会影响生产率的增长；古越龙山位于横向均值线的边缘，尽管有较好的纯技术效率增长，但是技术效率的增长表现并不乐观，也容易滑出Ⅰ区。

其次，Ⅱ区有深深宝A和青岛啤酒2家企业。他们都有较好的技术效率增长，但是从图5-3中可以发现，纯技术效率给企业带来了负面

第5章 基于微观数据的中国饮料制造业全要素生产率测算与分析

的影响，提高纯技术效率是他们的重要任务。

再次，Ⅲ区分布7家企业，纯技术效率没有实现最优而影响了技术效率的增长。其中，燕京啤酒的纯技术效率增长率几乎排在24家企业的最后，但是技术效率增长率的表现并不是最差，源于其规模效率增长率排在第三位，所以提高纯技术效率是燕京啤酒的当务之急；张裕A的纯技术效率增长率最低，其规模效率增长率略好，纯技术效率增长率亟待提高；海南椰岛的技术效率增长率是最低的，该企业的纯技术效率增长为负，规模效率也拖拉了技术效率的增长，二者均应该引起企业的重视。

最后，Ⅳ区分布着酒鬼酒、沱牌舍得和贵州茅台。其中酒鬼酒虽然有较高的纯技术效率增长率，其技术效率增长率仍为负值，说明规模效率增长率较差，拖拉了其技术效率的增长；沱牌舍得和贵州茅台位于纵向均值线的边缘，如果不能保持纯技术效率的增长容易滑向Ⅲ区。

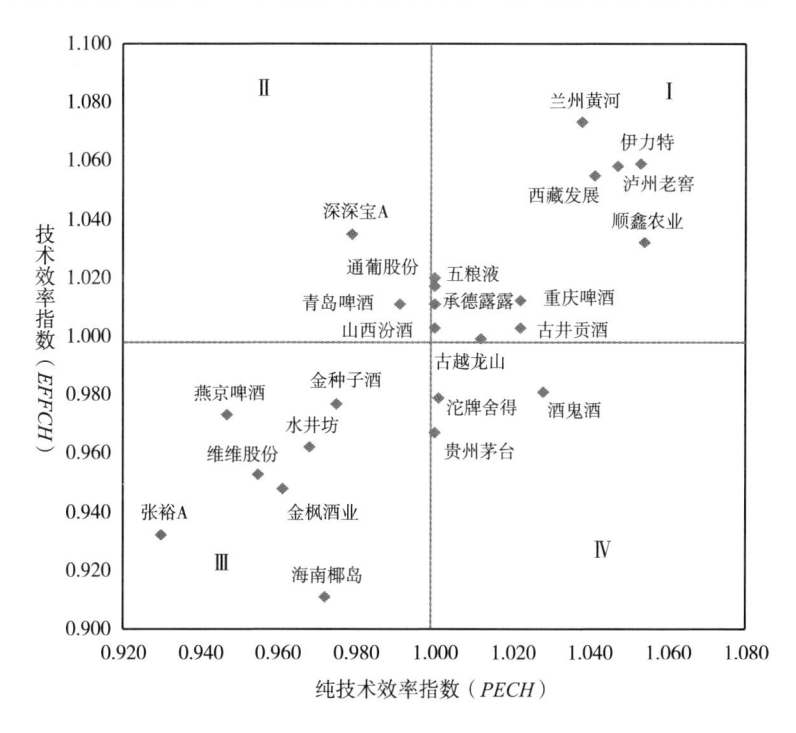

图5-3 中国饮料制造业上市企业纯技术效率变化

综上所述，企业纯技术效率增长率与技术效率增长率在图 5-3 中分布相对集中在 45°线上，二者是正相关关系。但是，并不意味着纯技术效率增长率高的企业技术效率增长率高，影响技术效率增长的还有规模效率，二者共同影响企业技术效率的提高。

将中国饮料制造业规模效率与技术效率的关系以图 5-4 呈现。取 24 家上市企业作为样本，以技术效率指数和规模效率指数的平均值为界限，将平面坐标划分四个区域，从企业分布状态可以发现，饮料制造业上市企业的规模效率变化与技术进步的变化基本正相关。具体表现为：第一，Ⅰ区分布 10 家企业，占比达到 42%，其中兰州黄河较为突出，规模效率并不是最高的企业却实现了技术效率增长最快；伊力特、泸州老窖和西藏发展表现也很好，说明除了规模效率促进了技术效率的提高，纯技术效率也作出了贡献；深深宝 A 规模效率表现最好，但是却低于前面 4 家企业；山西汾酒位于Ⅰ区的边缘，容易滑出Ⅰ区。第二，Ⅱ区仅有 4 家企业，他们的规模效率抑制了技术效率增长。其中，顺鑫农业的规模效率拖拉了技术效率的提高，但是其技术效率表现仍然很好，因为其纯技术效率在 24 家企业排名第一，说明纯技术效率的提高抵消了规模效率的抑制作用；古井贡酒和古越龙山处于Ⅱ区和Ⅲ区的边界，容易滑出Ⅱ区。第三，Ⅲ区分布 7 家企业，占比达到 29%，企业的技术效率和规模效率都为负值。其中，海南椰岛问题较为突出，规模效率严重抑制了技术效率增长，企业的技术效率存在较为严重的问题。第四，Ⅳ区分布 3 家企业，金种子酒和张裕 A 位于与Ⅲ区交界的边缘，燕京啤酒较高的规模效率没有得到较好技术效率水平的提高，是纯技术进步影响了技术效率的提高。第五，位于Ⅰ区和Ⅱ区的企业占比达到 58%。

综上所述，饮料制造业上市企业的规模效率影响技术效率的提高，但是并不是规模效率高企业的技术效率就高，如位于Ⅳ区的三家企业说明即使企业规模效率高，仍然没有带来较高的技术效率水平。技术效率的提高能够促进全要素生产率增长，产业内企业全要素生产率的提高必

第5章 基于微观数据的中国饮料制造业全要素生产率测算与分析

然提高产业整体的全要素生产率,所以,选择合适的企业规模促进技术效率的提高,是企业自身发展的重要内容。

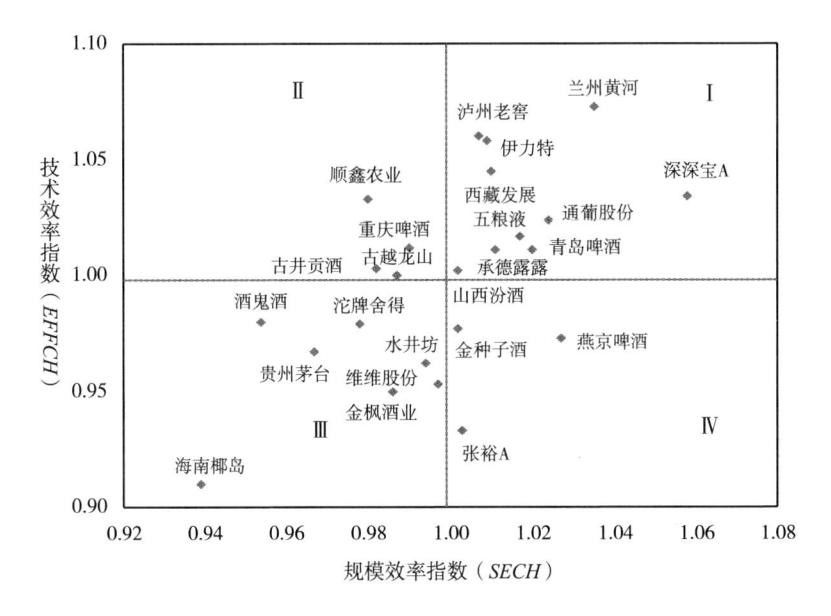

图 5-4 中国饮料制造业上市企业规模效率变化

5.2.3 上市企业区域 TFP 变动趋势分析

表 5-3 中给出了 2001~2015 年中国饮料制造业上市企业按年份研究的 Malmquist 指数及其分解数值。2001~2015 年 24 家饮料制造业上市企业的全要素生产率的平均增长率为 4.4%,表明该时期饮料制造业上市企业的全要素生产率呈现逐年递增的趋势,虽然中间经历了若干次下滑,15 年的累计平均增幅仍达到 69.3%。我们发现在 2001~2002 年、2008~2009 年、2012~2014 年中国饮料制造业上市企业的全要素生产率增长率出现了负值,其他年份均为正增长。上市企业的技术进步的平均增长率为 4.6%,同样表明该时期其技术进步呈现逐年递增的趋势;上市企业的技术效率、纯技术效率、规模效率的年均增长率依次为 -0.2%、-0.1%、-0.1%。

2001~2002年，上市企业全要素生产率数增长率为-2.9%，技术进步、技术效率和规模效率的增长率均为负值，依次为-2.7%、-0.3%、-0.59%，他们均抑制了全要素生产率增长率，技术进步的拖拉作用尤为显著。2008~2009年，全要素生产率增长率再次降为-3.1%，但是跌幅不是很大，其他4个分解变量的增长率均为15年中的极值，其中技术进步增长率跌幅较大（为-62.1%），技术效率、纯技术效率、规模效率增长率分别为155.7%、38.1%、85.2%。2008年发生世界范围的金融危机，对所有产业造成影响，规模效率的高增长促进技术效率大幅度增长，对技术进步急剧下降所带来的负面影响有所挽回，避免全要素生产率出现大幅度下降。2012~2013年、2013~2014年上市企业的全要素生产率增长率均表现极差，为-10.8%和-17.5%，导致全要素生产率增长率下降的重要原因是技术进步增长率出现了较大负值，为-16.1%和-13.5%；同时2013~2014年的规模效率增长率为-11.4%，技术效率增长率为-4.5%，这些数据恰好与白酒制造行业自2012年进入"严冬"这一现象吻合。24家上市企业中白酒制造行业企业11家，市场占有率最大，他们面临库存攀升、产能过剩等较为严峻的问题，2014年酿酒业进入战略转型，2015年中央提出供给侧结构改革，酿酒业面对利好政策降库存、去产能，饮料制造业上市企业开始回暖。

2004~2005年全要素生产率增长率为19.4%，其分解指标的增长率均为正值，9.8%的规模效率增长率带动了技术效率增长率，实现12.4%的增长，促进了全要素生产率增长率。2006~2007年上市企业全要素生产率增长率为20.4%，是2001~2015年中的最高值。首先，2006年国家减轻了以粮食酒为主导的大型企业的税负；其次，除了规模效率增长率略有下降，其他全要素生产率的分解指标的增长率均表现良好。2009~2010年上市企业的全要素生产率增长率为17.2%，技术进步增长率为42.3%，其他3个分解变量增长率均为负值，所以，技术进步带动了全要素生产率增长。

第5章 基于微观数据的中国饮料制造业全要素生产率测算与分析

综上所述，中国饮料制造业上市企业的技术进步、技术效率与全要素生产率正相关，纯技术进步、规模效率与技术效率正相关，由于企业间差别较大，具体分析企业的低效率的来源，可以提出有针对性建议和措施，提高上市企业生产效率及技术进步、技术效率等分解变量的效率。

表5-3　　2001~2015年中国饮料制造业上市企业全要素生产率水平及其分解　　单位：%

年份	TFPCH	TECHCH	EFFCH	PECH	SECH
2001~2002	0.971	0.973	0.997	1.059	0.941
2002~2003	1.062	2.131	0.498	0.79	0.631
2003~2004	1.097	1.052	1.043	0.932	1.12
2004~2005	1.194	1.062	1.124	1.023	1.098
2005~2006	1.081	0.97	1.114	1.093	1.019
2006~2007	1.204	1.089	1.105	1.11	0.996
2007~2008	1.02	1.525	0.669	0.866	0.772
2008~2009	0.969	0.379	2.557	1.381	1.852
2009~2010	1.172	1.423	0.824	0.945	0.871
2010~2011	1.096	0.905	1.21	1.033	1.171
2011~2012	1.021	1.327	0.769	0.842	0.914
2012~2013	0.892	0.839	1.063	1.015	1.048
2013~2014	0.825	0.865	0.955	1.078	0.886
2014~2015	1.089	1.073	1.015	0.95	1.068
均值	1.044	1.046	0.998	0.999	0.999

注：TFPCH为Malmquist生产率指数、TECHCH为技术进步指数、EFFCH为技术效率变化指数，PECH为纯技术效率变化指数、SECH为规模效率变化指数。TFPCH、TECHCH、EFFCH、PECH、SECH为采用DEA-Malmquist指数法测算出来的指数数值。各指标增长率=（全要素生产率的Malmquist指数及分解数值-1）×100%。

下面我们把24家中国饮料制造业上市企业划分为三个区域[①]，即东部（11家）、中部（4家）和西部（9家），如表5-4所示。

---

① 东部：青岛啤酒、燕京啤酒、顺鑫农业、维维股份、承德露露、张裕A、古越龙山、海南椰岛、金枫酒业、深深宝A、通葡股份；中部：山西汾酒、古井贡酒、酒鬼酒、金种子酒；西部：贵州茅台、五粮液、泸州老窖、水井坊、沱牌舍得、重庆啤酒、伊力特、西藏发展、兰州黄河。

表5-4　　2001~2015年中国饮料制造业上市企业全要素生产率的
Malmquist 指数及其分解　　　　　　单位:%

年份	东部 TFPCH	东部 TECHCH	东部 EFFCH	中部 TFPCH	中部 TECHCH	中部 EFFCH	西部 TFPCH	西部 TECHCH	西部 EFFCH
2001~2002	0.984	0.976	1.008	0.743	0.833	0.891	1.178	0.893	1.319
2002~2003	1.113	2.092	0.532	1.097	1.325	0.828	1.003	1.067	0.940
2003~2004	1.045	1.084	0.964	1.209	1.175	1.029	1.132	1.051	1.077
2004~2005	1.241	1.060	1.170	1.202	1.231	0.976	1.100	1.098	1.001
2005~2006	1.042	0.968	1.076	1.251	1.384	0.904	1.130	1.196	0.945
2006~2007	1.194	1.095	1.091	1.426	1.192	1.196	1.144	1.270	0.901
2007~2008	0.997	1.538	0.649	1.032	0.839	1.230	1.014	0.903	1.123
2008~2009	0.830	0.351	2.365	1.099	1.229	0.894	1.027	1.046	0.982
2009~2010	1.073	1.198	0.895	1.380	1.292	1.068	1.178	1.601	0.736
2010~2011	1.064	0.967	1.100	1.148	1.096	1.047	1.104	0.825	1.338
2011~2012	0.931	0.911	1.021	1.185	1.212	0.978	1.128	1.504	0.750
2012~2013	1.017	1.143	0.890	0.729	0.861	0.846	0.946	0.886	1.069
2013~2014	0.871	0.990	0.879	0.850	0.829	1.025	0.834	0.630	1.324
2014~2015	1.102	1.030	1.070	1.040	1.030	1.010	1.124	1.104	1.018
均值	1.030	1.037	0.994	1.079	1.092	0.988	1.070	1.048	1.021

注：TFPCH 为 Malmquist 生产率指数、TECHCH 为技术进步指数、EFFCH 为技术效率变化指数。TFPCH、TECHCH、EFFCH 为采用 DEA-Malmquist 指数法测算出来的指数数值。各指标增长率=（全要素生产率的 Malmquist 指数及分解数值-1）×100%。

表5-5 比较了全国24家饮料制造业上市企业及东部、中部、西部在2001~2015年的全要素生产率增长率水平、技术进步增长率水平和技术效率增长率水平。通过表5-5比较发现，与全国24家饮料制造业上市企业的全要素生产率增长率的平均水平相比较，中部、西部地区高于均值，而东部地区则低于均值。我们还发现西部地区饮料制造业上市企业的技术进步增长率和技术效率增长率均为正值，尤其是技术效率表现突出，为2.10%，远远高于均值，技术进步和技术效率共同推动全要素生产率的增长；中部地区的饮料制造业上市企业的全要素生产率增长率最高，高出均值3.5个百分点，技术进步增长率高出均值5.4个百分点，因此，全要素生产率增长的主要动力是技术进步，技术效率对全

第5章 基于微观数据的中国饮料制造业全要素生产率测算与分析

要素生产率增长具有拖累效应;东部地区三个增长率均低于全国平均水平,技术进步表现优于技术效率。

表5-5　　2001~2015年中国饮料制造业上市企业三个区域全要素
生产率的增长率水平及其分解　　　　　　　　　　单位:%

地区	TFPCH	TECHCH	EFFCH
全国	4.40	4.60	-0.02
东部	3.00	3.70	-0.06
中部	7.90	9.20	-0.12
西部	7.00	4.80	2.10

注:各指标增长率=(全要素生产率的Malmquist指数及分解数值-1)×100%。

为了更直观地分析全国及三个区域饮料制造业上市企业的全要素生产率增长率变化趋势,采用线形图的形式呈现出变化趋势,如图5-5所示。我们发现,中国饮料制造业上市企业全要素生产率的增长率呈现倒"U"型态势,东部、中部、西部三个区域饮料制造业上市企业的全要素生产率增长率的波动围绕着全国主线上下浮动,基本与全国保持一致。

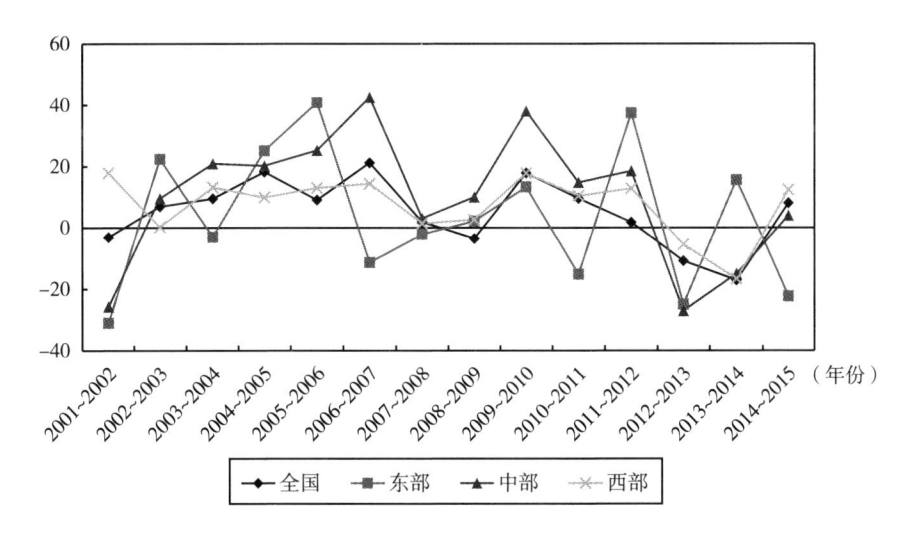

图5-5　中国饮料制造业上市企业TFP增长率全国
及三个区域差异及变化趋势

5.3 中国饮料制造业 TFP 微观与宏观数据比较分析

在分析中国饮料制造业全要素生产率及技术进步、技术效率等分解变量增长的宏观数据和微观数据基础上，进一步将二者进行比较，分析它们的相似性与差异性：如果微观数据所呈现全要素生产率及分解变量的增长趋势与宏观数据一致，可以证实第 4 章的研究方法和研究结论是可靠的；如果微观数据所呈现全要素生产率及分解变量的增长趋势与宏观数据具有差异性，可以证实上市企业具有其自身的优势。

2015 年，中国饮料制造上市企业有 35 家，样本考察时间段为 2001～2015 年，为了保证数据的完整性和统一性，饮料制造业上市企业则为 24 家。2015 年，饮料制造业 35 家上市企业的营业总收入为 1810.18 亿元，24 家上市企业的营业总收入为 1465.32 亿元，占全部上市企业的 80.95%；35 家上市企业的非流动资产合计额为 1205.26 亿元，24 家上市企业的非流动资产合计额为 934.97 亿元，占全部上市企业的 77.57%；35 家上市企业的从业人员数为 23.02 万人，24 家上市企业的从业人数为 18.40 万人，占全部上市企业的 79.93%[①]。饮料制造业 24 家上市企业的产出、资本投入和就业基本占饮料制造业全部上市企业的 80%，因此，选择饮料制造业 24 家上市企业数据与全国饮料制造业数据进行研究对比，具有一定的合理性和可行性。

5.3.1 整体数据比较

5.3.1.1 TFP 增长水平及分解变量的均值比较

全国饮料制造业全要素生产率及技术进步、技术效率等分解变量的

---

① 数据来源：Wind 资讯金融终端、上海证券交易所官网（http://www.sse.com.cn/）、深圳证券交易所官网（http://www.szse.cn/main/）。

第5章　基于微观数据的中国饮料制造业全要素生产率测算与分析

增长率水平考察时间为2000~2015年，饮料制造业上市企业的全要素生产率及技术进步、技术效率等分解变量增长率水平考察时间为2001~2015年，由于2000年全国饮料制造业上述各项指标的增长率均小于全国平均值，即拉低了全国各项指标的平均值，所以将全国饮料制造业与饮料制造业上市企业的各项指标平均值进行比较是可行的。

如表5-6所示，对中国饮料制造业全要素生产率增长水平及分解与饮料制造业上市企业全要素生产率增长水平及分解进行比较发现：中国饮料制造业及东部、中部、西部和中国饮料制造业上市企业及东部、中部、西部的全要素生产率增长的主要推动力是技术进步；仅中部和西部地区饮料制造业上市企业的技术效率增长率高于全国水平，说明两个问题：一是饮料制造业上市企业的龙头企业大部分集中在中部和西部地区；二是说明非上市企业中存在具有全要素生产率表现较优的企业。中部地区的上市企业的全要素生产率增长率和技术进步增长率与中部的全国水平差距较小，东部地区上市企业的各个变量增长率与东部全国水平差距较大，也因此拉低了上市企业各个变量均值与全国的差距。

表5-6　中国饮料制造业和饮料制造业上市企业三个区域全要素生产率的增长率水平及其分解

单位：%

地区	全国 TFPCH	上市企业 TFPCH	全国 TECHCH	上市企业 TECHCH	全国 EFFCH	上市企业 EFFCH
均值	8.50	4.40	8.50	4.60	1.00	-0.02
东部	6.10	3.00	6.00	3.70	0.10	-0.06
中部	10.60	7.90	11.50	9.20	-0.80	-0.12
西部	10.00	7.00	8.70	4.80	1.20	2.10

由此可知，饮料制造业的全要素生产率的主要推动力是技术进步，非上市企业中仍有较多企业具有较高的全要素生产率表现，上市企业内个别表现不佳的企业也能够影响上市企业整体表现。

5.3.1.2　TFP增长水平比较

从2001~2015年饮料制造业全要素生产率增长率，选择全国、上市企业（24家）作为样本进行比较。如图5-6所示，实线表示全国饮料制造业全要素生产率增长率变化，虚线表示饮料制造业上市企业全要素生产率增长率变化。首先，全国饮料制造业全要素生产率增长率曲线最初呈现稳步上升的态势，2008年受亚洲金融危机的影响，导致增长率下降近10个百分点，复苏后在2011~2012年达到了22.80%的极值，在2012~2013年增长率下降幅度近40个百分点，在2013~2014年再次提高20个百分点，呈现回升的态势。其次，虚线与实线波动基本一致，虚线大部分时间在实线下方。虚线位于实线下方意味着没有达到实线所实现的全要素生产率的增长率，原因是24家饮料制造业的上市企业仅占饮料制造业的一部分，没有统计的企业中也存在生产效率高的企业。同理，虚线也有位于实线上方的时候，2004~2005年、2006~2007年和2014~2015年，虚线均高于实线4个百分点；2009~2010年，虚线高于实线11.8个百分点。最后，虚线震荡的幅度要高于实线，说明24家上市企业容易对企业内部、外部影响迅速做出反应。24家企业中白酒企业产出占比超过60%。2011年，国家发改委关于《产业结构调整指导目录

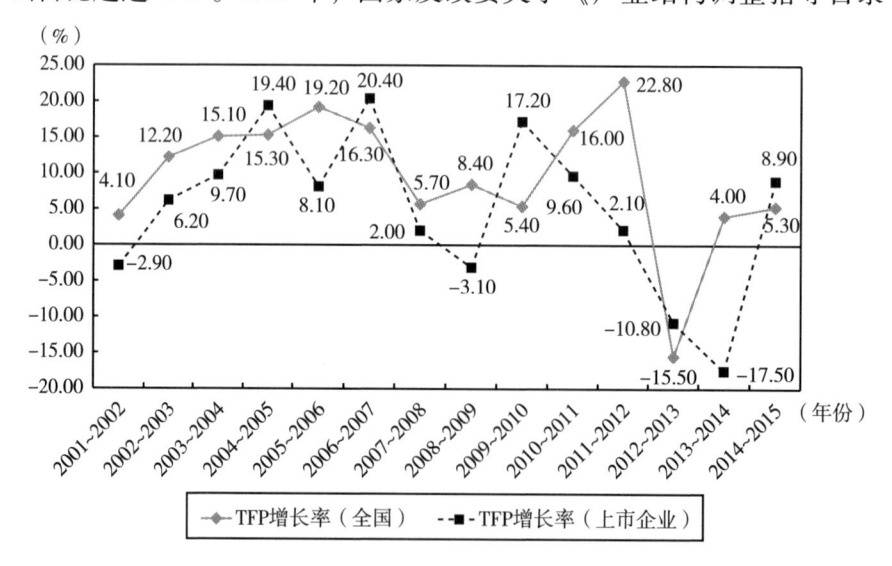

图5-6 饮料制造业全要素生产率（TFP）增长率变化比较

资料来源：2002~2016年《中国统计年鉴》《中国工业统计年鉴》《食品工业年鉴》、Wind资讯金融终端、2002~2016年各个饮料制造业上市企业年报。

第 5 章　基于微观数据的中国饮料制造业全要素生产率测算与分析

(2011年本)》，将白酒生产线列入"限制类"；同时，发改委将白酒行业作为价格约谈对象。受政策及舆论导向的影响，上市企业所受影响较大，从 2011~2014 年，全要素生产率的下降导致产出出现持续下滑。

5.3.2　分解数据比较

5.3.2.1　技术进步增长水平比较

通过前面对饮料制造业上市企业动态效率的研究发现：全要素生产率的提高对技术进步的依赖性较强。如图 5-7 所示，全国饮料制造业技术进步增长率为实线，饮料制造业上市企业技术进步增长率为虚线。首先，实线在 2001~2002 年、2003~2004 年、2013~2014 年技术进步增长率出现个位数增长，2008~2009 年、2012 年、2013 年出现负增长，其他时间技术进步增长率均为二位数变化，其变化与全要素生产率增长率变化正相关；其次，虚线有近一半的时间技术进步增长率为负，上市企业的技术进步表现不佳；最后，虚线围绕在实线上下波动，振幅高于

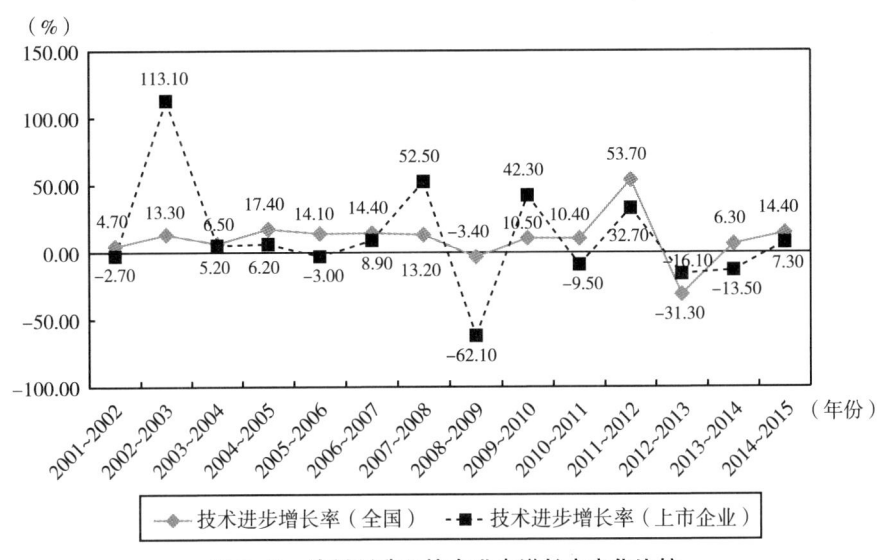

图 5-7　饮料制造业技术进步增长率变化比较

资料来源：2002~2016 年《中国统计年鉴》《中国工业统计年鉴》《食品工业年鉴》、Wind 资讯金融终端、2002~2016 年各个饮料制造业上市企业年报。

实线，特殊时期反映更为明显。2002~2003 国家利好政策和环境加速了上市企业技术进步增长率的快速提高，2008 年的金融危机对上市企业的技术进步影响加大。

5.3.2.2 技术效率增长率比较

通过前面的分析可知，技术效率对全要素增长率的影响较小。如图 5-8 所示，实线表示全国饮料制造业技术效率增长率，虚线表示饮料制造业上市企业技术效率增长率。首先，实线围绕原点横坐标轴上下波动，波动幅度较缓，技术效率增长率为负值的时候较多，仅有 6 个阶段增长率为正。在技术进步增长率仅出现两次负增长的时期，技术效率增长率表现极佳，即 2008~2009 年实现了 12.20% 的增长率，2012~2013 年实现了 23.00% 的增长率。其次，虚线增长率整体优于实线，仅有 5 个阶段增长率低于实线。说明上市企业的规模效率优于整体产业，其两位数的增长率有 5 个阶段，2008~2009 年技术效率实现 155.70%

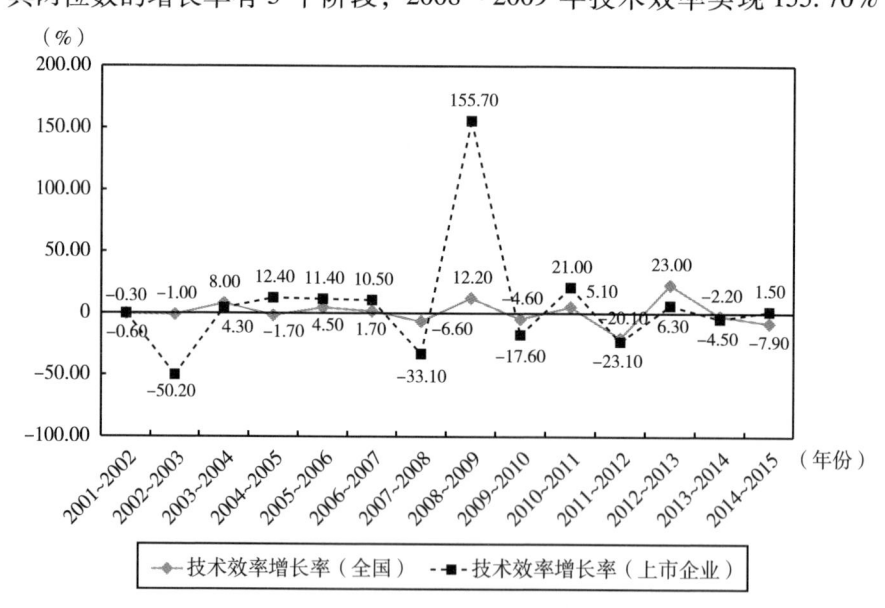

图 5-8 饮料制造业技术效率增长率变化比较

资料来源：2002~2016 年《中国统计年鉴》《中国工业统计年鉴》《食品工业年鉴》、Wind 资讯金融终端、2002~2016 年各个饮料制造业上市企业年报。

第 5 章 基于微观数据的中国饮料制造业全要素生产率测算与分析

的增长,在技术进步增长率严重下滑的情况下,缓解了全要素生产率增长率的下滑。最后,虚线增长率波动幅度大于实线增长率的波动。虚线增长率低于实线的阶段均为实线增长率为负值阶段,再次验证上市企业生产率增长率的反映比整体的产业敏感。

5.3.2.3 纯技术效率增长水平比较

纯技术效率增长率影响着产业的技术效率增长率。如图 5-9 所示,实线表示全国饮料制造业纯技术效率,虚线表示饮料制造业上市企业纯技术效率。首先,实线围绕原点横坐标轴上下波动,波动整体比较稳定。在 2011~2012 年出现增长率的最小值 -15.20%,在 2012~2013 年迅速回升,增长率为极大值 19.00%。其次,虚线与实线波动比较一致,波动幅度大于实线。虚线在 2002~2003 年出现增长率的极小值 -21.00%,在 2008~2009 年出现增长率的极大值 38.10%,极大值的出现推动了 2008~2009 年上市企业的技术效率。

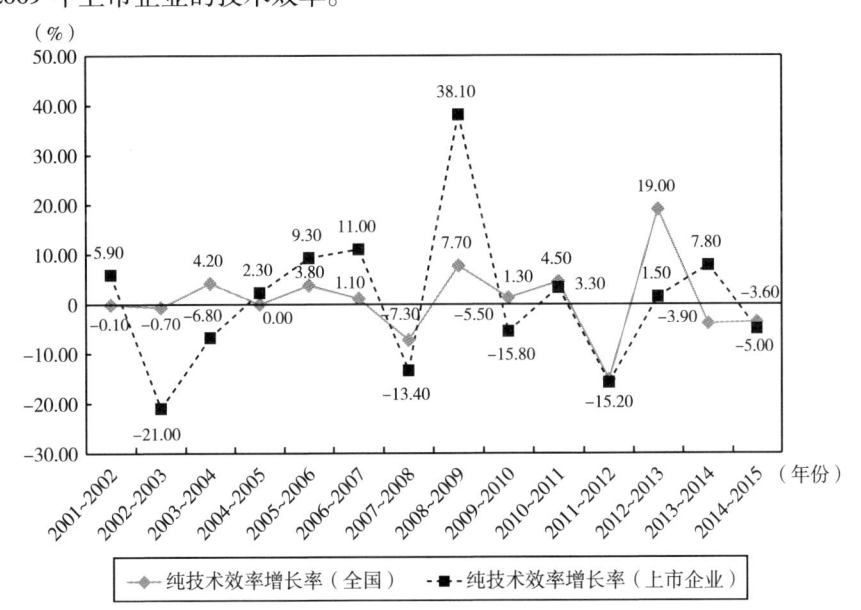

图 5-9 饮料制造业纯技术效率增长率变化比较

资料来源:2002~2016 年《中国统计年鉴》《中国工业统计年鉴》《食品工业年鉴》、Wind 资讯金融终端、2002~2016 年各个饮料制造业上市企业年报。

5.3.2.4 规模效率增长率比较

规模效率的增长率对产业技术效率增长率的影响小于纯技术效率增长率。如图 5-10 所示，实线表示全国饮料制造业规模效率增长率，虚线表示饮料制造业上市企业规模效率增长率。首先，实线围绕原点横坐标轴上下波动，但是波动幅度较小。在 2009~2010 年出现增长率最小值 -5.80%，在 2008~2009 年出现增长率的极大值 4.20%。其次，虚线围绕着实线波动，波动幅度大于实线。在 2002~2003 年出现增长率最小值 -36.90%，在 2008~2009 年出现增长率极大值 85.20%，同时也推动了这一阶段技术效率的提高，缓解了同期技术进步的负面影响。由于规模效率在全国的表现并不突出，则进一步说明上市企业在规模效率方面实现了较大增长，对其全要素生产率的提高起到的作用远高于全国水平。

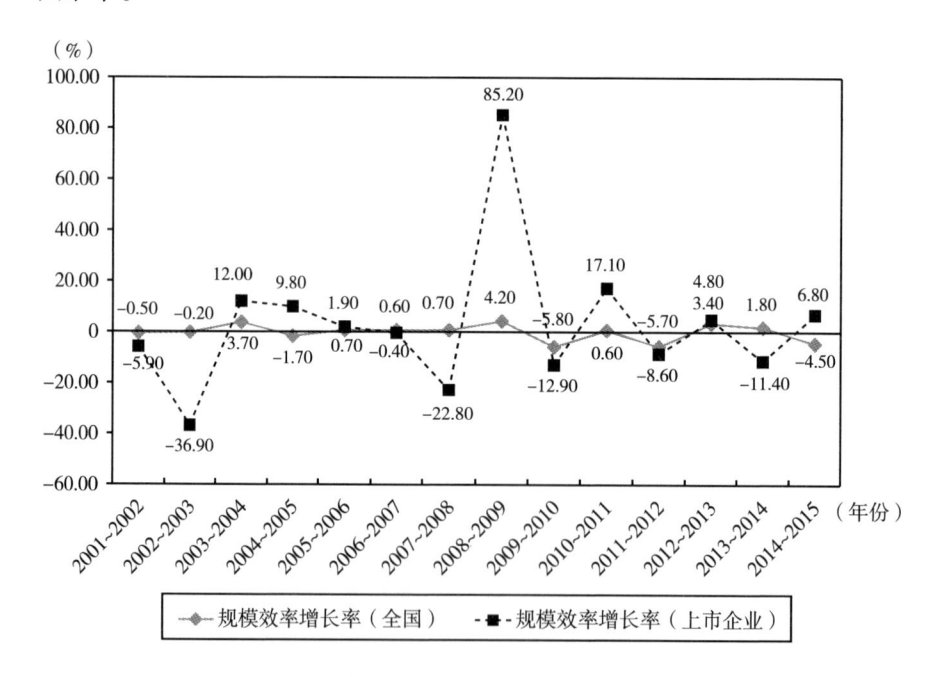

图 5-10 饮料制造业规模效率增长率变化比较

资料来源：2002~2016 年《中国统计年鉴》《中国工业统计年鉴》《食品工业年鉴》、Wind 资讯金融终端、2002~2016 年各个饮料制造业上市企业年报。

第 5 章 基于微观数据的中国饮料制造业全要素生产率测算与分析

综上所述，通过中国饮料制造业与饮料制造业上市企业全要素生产率及技术进步、技术效率等分解变量的增长率水平进行比较，我们发现微观数据与宏观数据全要素生产率及分解呈现的增长趋势是一致的，说明关于宏观样本的研究方法和研究结论是可靠的；同时我们还发现，管理规范的上市企业，依靠企业自身优势，在规模效率等方面表现更佳，既实现企业自身全要素生产率增长，也为全国饮料制造业全要素生产率增长的波动中起到了稳定作用。

5.4　本章小结

本章从微观层面运用数据包络分析方法测算了 2001~2015 年中国饮料制造业沪深 A 股 24 家上市企业全要素生产率水平，并测算了技术进步、技术效率等分解变量的增长率水平，这样能够更加完整、翔实地衡量饮料制造业的经济增长现状；同时，与 2000~2015 年中国饮料制造业的全要素生产率增长率水平及技术进步、技术效率等分解变量的增长趋势进行比较，目的是验证第 4 章宏观数据测试的结果，如果二者的数据所呈现的增长趋势是一致的，说明宏观分析所得出的结果是可靠的。由此我们得到以下研究结论：第一，在全要素生产率增长率超过平均值的 12 家企业中，它们的技术进步和技术效率增长率均为正值。排名第一位的四川省泸州老窖集团技术进步增长率仍居全国首位，技术效率和纯技术效率增长率在全国居第三位，24 家上市企业的技术进步增长率均为正值，反观全要素生产率增长率较差的上市企业，它们的技术效率增长率不佳。其中，纯技术效率、规模效率提高也会促进技术效率的增长。第二，2001~2015 年，除了 2001~2002 年、2008~2009 年、2012~2014 年饮料制造业上市企业的全要素生产率增长率出现了负增长以外，其他年份均为正增长。其中饮料制造业上市企业的全要素生产率的平均增长率为 4.4%，同期技术进步的平均增长率均为 4.7%，技术效率的平均增长率为-0.2%，纯技术效率和规模效率的平均增长率均为-0.1%。由此可知，中国饮料制造业上市企业全要素生产率提高的主要推动力是技术进步。第三，中国及东部、中部、西部地区饮料制造业上市企业的TFP增长率均呈现倒"U"型态势，中部、西部的全要素生产率水平表现突出，显著高于全国平均水平，而东部的全要素生产率水平显著低于全国平均水平。其中，西部地区饮料制造业上市企业全要素生产率的增长是由技术进步和技术效率改善共同推动的，而对于东部和中部地区而言，饮料制造业上市企业全要素生产率增长的唯一推动力为技术进步，而技术效率的恶化产生了一定程度的拖累效应。第四，将2001~2015年中国饮料制造业沪深A股24家上市企业与2000~2015年中国饮料制造业的全要素生产率水平及技术进步、技术效率等分解变量增长水平进行比较发现：一是中国饮料制造业全要素生产率增长率、技术进步增长率的均值都为8.50%，技术效率增长率均值保持不变，中国饮料制造业上市企业全要素生产率增长率的均值为4.40%，技术进步增长率的均值为4.60%，技术效率增长率的均值为-0.02%，可知，上市企业绝大部分的数据低于全国的平均水平，二者之间的差距说明饮料制造业非上市企业中仍有企业具有较高的全要素生产率表现，而饮料制造业上市企业之间个别表现不佳的企业极易影响上市企业整体表现；二是通过对二者全要素生产率及技术进步、技术效率等分解变量增长率变化比较，发现它们的增长率所呈现的变动趋势基本是一致的，更完整地分析了中国饮料制造业经济发展现状；三是管理规范的上市企业依靠企业自身优势在规模效率等方面表现更佳，既实现企业自身全要素生产率增长，也为全国饮料制造业全要素生产率增长的波动中起到了稳定作用。

第6章

中国饮料制造业全要素生产率影响因素实证分析

　　供给侧改革的核心是提升全要素生产率，全要素生产率作为经济可持续增长的"源泉"，在促进经济发展的同时，也从根本上提高了产业的竞争力。前面从宏观角度分析了中国30个省份饮料制造业全要素生产率、技术进步、技术效率等分解变量的增长，从微观角度以饮料制造业24家上市企业为样本进行了全要素生产率及技术进步、技术效率等分解变量的增长分析。我们实证得出提高饮料制造业全要素生产率的路径：技术进步与技术效率的提高共同促进了全要素生产率增长，其中以技术进步的贡献为主。同时，通过前面对全国及分地区全要素生产率的评价与分析可知：全国及各省份饮料制造业全要素生产率水平不存在绝对收敛，但是存在条件收敛，即各地区饮料制造业的发展存在差距。那么，我们既要提高饮料制造业全要素生产率的水平，又要实现经济发展的平衡，就有必要进一步分析中国饮料制造业经济增长、各省份发展的差距受制于哪些影响因素？其影响程度如何？本章在此背景下，依据前面的经济理论和研究文献，同时考虑本书所研究的宏观数据在时间、地区方面较为全面，样本容量大，所以，从宏观视角探究影响中国饮料制造业全要素生产率增长的内在机理，为提升中国饮料制造业全要素生产率增长并促进经济协调发展提供理论依据与实证支持。

6.1 饮料制造业影响因素的预期假说

我们借鉴国内外学者们关于全要素生产率影响因素的研究成果，考虑中国饮料制造业数据的可获得性、分析的全面性，选择了消费率、市场规模、企业规模、人力资本和交通基础设施等 11 个因素探究它们对中国饮料制造业的影响及影响程度，提出如下研究假设，如表 6 - 1 所示。

表 6 - 1　　中国饮料制造业全要素生产率的影响因素及预期影响结果

假设	影响因素	影响预期	假设	影响因素	影响预期
H_1	消费增长率	+	H_7	人力资本	-
H_2	市场规模	+	H_8	基础设施	+
H_3	产品市场竞争	+	H_9	金融发展	+
H_4	企业单位数	不确定	H_{10}	政府财政投入	-
H_5	企业规模	不确定	H_{11}	政府研发经费	-
H_6	市场化程度	+			

注："+""-"分别表示影响因素对中国饮料制造业全要素生产率的影响为促进或者抑制。

6.2 计量模型构建及回归方法说明

6.2.1 动态面板模型构建

目前，在国内研究中，吉生保和席艳玲（2011）在研究中国食品饮料行业上市公司的经营绩效影响因素时，构建了 DEA - Tobit 回归模型。借鉴李春顶（2009）、孙晓华等（2012）、王晶晶（2014）、李健和和盘宇章（2017）关于对全要素生产率、创新能力影响因素的分析模

第6章 中国饮料制造业全要素生产率影响因素实证分析

型。本章将全要素生产率增长率设定为如下多元组合形式：

$$\begin{aligned} Y &= Af(x) = Af(CR, MS, PMC, Firms, BS, NSE, H, \\ &\quad Transport, Finance, GFI, GRD) \\ &= A_{i0} \times CR_{it}^{\alpha_1} \times MS_{it}^{\alpha_2} \times PMC_{it}^{\alpha_3} \times Firms_{it}^{\alpha_4} \times BS_{it}^{\alpha_5} \times NSE_{it}^{\alpha_6} \times H_{it}^{\alpha_7} \\ &\quad \times Transport_{it}^{\alpha_8} \times Finance_{it}^{\alpha_9} \times GFI_{it}^{\alpha_{10}} \times GRD_{it}^{\alpha_{11}} \end{aligned} \quad (6-1)$$

其中，x 为解释变量的集合，CR 表示消费率，MS 表示市场规模，PMC 表示产品市场竞争，$Firms$ 表示企业单位数，BS 表示企业规模，NSE 表示市场化程度，H 表示人力资本，$Transport$ 表示交通基础设施水平，$Finance$ 表示金融发展，GFI 表示政府财政投入，GRD 表示政府研发经费比重。被解释变量 Y 用全要素生产率指数（TFPCH）表示，A_{i0} 代表第 i 个地区的无法观测的因素，i 代表地区，t 代表年份，α 表示各变量对全要素生产率的影响参数。式（6-1）两侧取对数得到式（6-2）：

$$\begin{aligned} \ln TFPCH_{it} &= \alpha_0 + \alpha_1 \ln CR_{it} + \alpha_2 \ln MS_{it} + \alpha_3 \ln PMC_{it} + \alpha_4 \ln Firms_{it} \\ &\quad + \alpha_5 \ln BS_{it} + \alpha_6 \ln NSE_{it} + \alpha_7 \ln H_{it} + \alpha_8 \ln Transport_{it} \\ &\quad + \alpha_9 \ln Finance_{it} + \alpha_{10} \ln GFI_{it} + \alpha_{11} \ln GRD_{it} \end{aligned} \quad (6-2)$$

我们在此基础上，构建本章计量经济模型，具体形式如下：

$$\begin{aligned} \ln TFPCH &= \alpha_0 + \alpha_1 \ln CR_{it} + \alpha_2 \ln MS_{it} + \alpha_3 \ln PMC_{it} + \alpha_4 \ln Firms_{it} \\ &\quad + \alpha_5 \ln BS_{it} + \alpha_6 \ln NSE_{it} + \alpha_7 \ln H_{it} + \alpha_8 \ln Transport_{it} \\ &\quad + \alpha_9 \ln Finance_{it} + \alpha_{10} \ln GFI_{it} + \alpha_{11} \ln GRD_{it} + V_{1,i} + \varepsilon_{1,it} \end{aligned}$$

$$(6-3)$$

这个计量模型中没有考虑经济行为的惯性，即前一期的全要素生产率对后期的全要素生产率产生影响。李健和卫平（2015a；2015b）、李健和盘宇章（2017）在分析全要素生产率增长问题时，发现滞后期的全要素生产率增长对当期的全要素生产率增长具有显著促进作用，即证实了全要素生产率增长具有惯性。因此，本章在构建中国饮料制造业全要素生产率影响因素的计量回归模型时，为了验证全要素生产率增长指数是否具有惯性，选择滞后的被解释变量作为一个解释变量，构建了动态面板模型（dynamic panel data，DPD）。根据上述分析，本章将需要分析的计量回归最终设定为如下具体形式：

$$\ln TFPCH_{it} = \alpha_0 + \lambda \ln TFPCH_{it} + \alpha_1 \ln CR_{it} + \alpha_2 \ln MS_{it} + \alpha_3 \ln PMC_{it}$$
$$+ \alpha_4 \ln Firms_{it} + \alpha_5 \ln BS_{it} + \alpha_6 \ln NSE_{it} + \alpha_7 \ln H_{it}$$
$$+ \alpha_8 \ln Transport_{it} + \alpha_9 \ln Finance_{it} + \alpha_{10} \ln GFI_{it}$$
$$+ \alpha_{11} \ln GRD_{it} + V_{1,i} + \varepsilon_{1,it} \qquad (6-4)$$
$$i = 1, 2, \cdots, 30; \ t = 2000, 2001, \cdots, 2015$$

其中，下角标 i 和 t 分别代表地区和年份，系数 α 和 λ 为待估参数，V_i 是各地区不可观测的个体异质性，ε_{it} 为随机扰动项，$\ln TFPCH_{it-j}$ 表示全要素生产率增长指数的滞后值。所以，α_0，α_1，$\cdots$，α_{11} 和 λ'_j 的统计特征为本章的关注重点，并预期变量前面的系数符号与前面提出的假设相对应。

6.2.2 回归方法概述

本章从宏观层面研究中国饮料制造业全要素生产率的影响因素，全要素生产率增长指数作为被解释变量，该值由 DEA - Malmquist 模型确定，得出的值在（0，1）之间，由于自变量加入了被解释变量全要素生产率增长指数的滞后值，将静态面板数据变成了动态面板数据。被解释变量会受到各地区不可测度因素干扰而产生内生性问题，还有可能与自变量产生双向因果关系，全要素生产率增长指数滞后值的加入也会使模型产生自相关问题，这样就会出现"动态面板偏差"（dynamic panel bias）。同时，动态面板模型依据 N 值和 T 值的大小，模型可以分为长动态面板（long dynamic panel）和短动态面板（short dynamic panel）。二者区别如下：

长动态面板——N 较小，T→∞（或较大）⇨动态面板偏差较小
短动态面板——T 较小，N→∞（或较大）⇨动态面板偏差较大
本章确定的计量模型（6-5）中，N=30，时间维度 T=16，N > T，

第 6 章　中国饮料制造业全要素生产率影响因素实证分析

属于短动态面板。本章所采用的计量方法为广义矩估计方法（GMM）。

6.2.2.1　差分 GMM（Difference-General method of moments）

阿雷利亚诺和邦德（Arellano & Bond，1991）在安德森和萧（Anderson & Hsiao，1981）的研究基础上，为了更高效率的工具变量，以 $\{\varepsilon_{it}\}$ 扰动项不存在自相关作为前提条件，将模型进行差分，然后对所有的滞后变量作为工具变量进行 GMM 估计，这个过程被称为"Arellano – Bond 估计量"，即"差分 GMM"（Diff – GMM）。这里用动态面板模型的一般形式进行表述：

$$y_{it} = \alpha + \rho_1 y_{i,t-1} + \rho_2 y_{i,t-2} + \cdots + \rho_j y_{i,t-j} + \beta x'_{it} + \gamma z'_i + u_i + \varepsilon_{it}$$
$$t = 2, \cdots, T, \ j = 1, 2, \cdots, N \quad (6-5)$$

首先是对模型进行一阶差分，将个体异质性（u_i）消去后得：

$$\Delta y_{it} = \rho_1 \Delta y_{i,t-1} + \rho_2 \Delta y_{i,t-2} + \cdots + \rho_j \Delta y_{i,t-j} + \beta \Delta x'_{it} + \Delta \varepsilon_{it}$$
$$t = 2, \cdots, T, \ j = 1, 2, \cdots, N \quad (6-6)$$

在使用差分 GMM 回归估计时，设定所有的解释变量 x_{it} 是弱外生的，因为解释变量 x_{it} 与扰动项 ε_{it} 不相关；将被解释变量的滞后值设为工具变量。所以，差分 GMM 的矩条件为：

$$Cov(\varepsilon_{it}, \varepsilon_{is}) = 0, t \neq s, \forall i \quad (6-7)$$

$$E[\Delta y_{i,t-j}(\varepsilon_{it} - \varepsilon_{is})] = 0, \ j \geq 1, t \geq 2 \quad (6-8)$$

差分 GMM 在进行检验时也存在一定问题：一是如果 x_{it} 不是"严格外生"，自变量 x_{it} 与扰动项 ε_{it} 不相关，但是与 $\varepsilon_{i,t-1}$ 相关，差分后导致 Δx_{it} 成为内生变量；二是如果 T 值较大，被解释变量的滞后值作为工具变量会增加，样本容量出现更多的缺失，导致工具变量弱化，结果出现偏差；三是差分 GMM 不能对不随时间变化的 z_i 进行估计；四是差分 GMM 不适合持续性很强的被解释变量（即一阶自回归系数近似等于 1）。

综上所述，需要一个更好的估计方法来解决上述问题，而系统 GMM 能够解决弱工具变量等问题，是对差分 GMM 的扩展。

6.2.2.2 系统 GMM（System – General method of moments）

阿雷利亚诺和鲍威尔（Arellano & Bover，1995）为了解决差分 GMM 中的第三、第四个问题，提出了水平 GMM（Level GMM）。布伦德尔和邦德（Blundell & Bond，1998）将差分 GMM 和水平 GMM 结合起来作为一个系统，联立为一个方程进行 GMM 估计，称为"系统 GMM"（System GMM）。在使用系统 GMM 时需要满足两个前提：一是扰动项 $\{\varepsilon_{it}\}$ 不存在自相关；二是被解释变量的滞后值一阶差分后与 V 不相关。动态面板模型的一般形式与式（6-8）相同。系统 GMM 优于差分 GMM 之处是提高了估计效率，还能够估计不随时间变化的 z_i。

为了保证模型估计的有效性需要进行两个检验。一是需要对回归估计进行过度识别的约束检验，被称为 Sargan 检验或者 Hansen 检验，用 Sargan 检验来识别工具变量的有效性：如果对应的 P 值大于10%的统计水平，即为不拒绝原假设，意味着设定的工具变量是合适的，所有的工具变量都是外生的；如果拒绝原假设，则意味着有工具变量不是外生的，与扰动项 ε_{it} 相关。二是需要进行自回归（AR）检验，检验扰动项 ε_{it} 是否无自相关：如果不存在二阶序列相关，原假设成立；如果 AR（2）所对应的 P 值大于10%，即为不拒绝原假设，扰动项 ε_{it} 无自相关，反之就违背了原假设。

最后，在对动态面板样本进行差分 GMM 估计和系统 GMM 估计时，自变量中被解释变量滞后值作为工具变量，为了避免工具变量过多而产生其他影响，保证模型估计出来的结果是有效性的，滞后阶数的选取不超过3阶。

基于上述分析，本章对中国饮料制造业全要素生产率的影响因素分析选择两种方法，即差分 GMM 和系统 GMM，这样做的目的是检验回归结果的稳健性。

第 6 章 中国饮料制造业全要素生产率影响因素实证分析

6.3 变量选择与设定

本章在实证分析研究过程中所使用的被解释变量是各省份饮料制造业全要素生产率指数，此变量的数值具体见第 4 章的计算结果。本章的计量模型中所关注的影响因素变量具体选择如下：

变量 1——消费率（consumption rate，CR）：消费率用最终消费增长率表示，采用各省份饮料制造业的居民消费总额和各省份饮料制造业的居民消费水平指数进行计算得到。将各省份"居民消费水平指数"（上年 = 100）进行转化基期，最终形成以 1999 年为基期的居民消费价格指数。之后再用此价格指数对各省份饮料制造业当年居民消费额进行平减得到以 1999 年为基期的居民消费额数值。在此基础上，计算历年各省份饮料制造业的最终消费增长率。计算公式如下：

$$CR_{it}(\%) = \frac{C_{it} - C_{i(t-1)}}{C_i} \times 100\% \tag{6-9}$$

其中，CR 表示饮料制造业最终消费增长率，C 表示饮料制造业居民消费总额（以 1999 年基期表示），i 表示地区，t 表示时间。最终消费增长率的数据来源于 2000~2015 年各省份统计年鉴。

变量 2——市场规模（market size，MS）：秦宝庭（1997）认为市场占有率能够综合反映出该产品在市场上的竞争结构状况。市场规模采用国内市场占有率表示，采用各省份饮料制造业的工业销售产值（当年价格）占全国该产业工业销售产值（当年价格）的比例，该值反映了各省份饮料制造业的经济发展水平。计算公式如下：

$$MS_{it}(\%) = \frac{SV_{it}}{SV_{ct}} \times 100\% \tag{6-10}$$

其中，MS 表示各省份饮料制造业的国内市场占有率，SV_{it} 表示 i 地区 t 年饮料制造业的工业销售产值，SV_{ct} 表示全国 t 年饮料制造业的工业销售产值。国内市场占有率的数据来源于 2000~2015 年各省份统计年鉴，以及《中国食品工业年鉴》《中国工业经济统计年鉴》。

变量 3——产品市场竞争（product market competition，PMC）：经济发展的不同时期会影响产品销售率的变化。本章采用各省份饮料制造业工业销售产值（当年价格）与各地区饮料制造业工业总产值（当年价格）的比值。计算公式如下：

$$PMC_{it}(\%) = \frac{SV_{it}}{GIOV_{it}} \times 100\% \qquad (6-11)$$

其中，PMC 表示饮料制造业的产品销售率，SV 表示饮料制造业的工业销售产值，GIOV 表示饮料制造业的工业销售总产值。产品销售率的数据来源于 2000~2015 年各省份统计年鉴，以及《中国食品工业年鉴》《中国工业经济统计年鉴》。

变量 4——企业单位数（firms）：1998 年，国家统计局将工业统计范围划分为规模以上和规模以下两个部分。1998~2006 年，规模以上工业企业是指全部国有和年主营业务收入 500 万元及以上的非国有企业；2007~2010 年，统计范围调整为年主营业务收入 500 万元及以上的工业企业；2011 年开始至今，统计范围为年主营业务收入 2000 万元及以上的工业企业。本书的企业单位数指的是一个省份在一年中饮料制造业规模以上工业企业单位数，能够反映出该省份在一年内饮料制造业的规模大小和发展水平，单位为"个"。企业个数的数据来源于 2000~2015 年各省份统计年鉴、《中国食品工业年鉴》《中国工业经济统计年鉴》《第二次全国 R&D 资源清查资料汇编 2009》。

变量 5——企业规模（business scale，BS）：战炤磊和王凯（2012）认为技术创新的重要影响因素是企业规模，将企业规模对技术创新的影响结果归纳为如下三种观点：一是以熊彼特为代表的大企业观，认为大企业能够直接促进企业的技术创新，还能够直接影响未来所开辟的市场大小；二是中小企业观，认为中小企业的创新效率在一定研发规模条件下要高于大企业；三是适度规模观，谢勒（Scherer，1965）认为，在

第 6 章　中国饮料制造业全要素生产率影响因素实证分析

适度的企业规模下，技术创新与企业规模呈倒"U"型的非线性关系。企业规模用各地区饮料制造业工业销售产值（当年价格）与各地区饮料制造业规模以上工业企业单位数的比值表示，单位为万元/个。计算公式如下：

$$BS_{it} = \frac{SV_{it}}{N_{it}} \qquad (6-12)$$

其中，BS 表示饮料制造业的企业规模，SV 表示饮料制造业的工业销售产值，N 表示饮料制造业规模以上工业企业单位数。企业规模的数据来源见变量 3 和变量 4。

变量 6——市场化程度（NSE，即非国有企业在产业中的比重）：国有企业是指企业全部资产归国家所有，并按《中华人民共和国企业法人登记管理条例》规定登记注册的非公司制的经济组织，包括国有企业、国有独资公司和国有联营企业。1957 年以前的公私合营和私营工业，后均改造为国营工业，1992 年改为国有工业，这部分工业的资料不单独分列，均包括在国有企业内。国有控股企业是对混合所有制经济的企业进行的"国有控股"分类，它是指这些企业的全部资产中国有资产（股份）相对其他所有者中的任何一个所有者占资（股）最多的企业，该分组反映了国有经济控股情况。根据国家统计局网站资料，国有及国有控股企业是指国有企业加上国有控股企业。为了统计计算方便，书中各省份饮料制造业规模以上非国有企业单位数采用各省份饮料制造业规模以上工业企业单位数与规模以上国有及国有控股企业单位数的差求得。市场化程度是各省份的饮料制造业规模以上非国有企业单位数与其规模以上工业企业单位数的比值。计算公式如下：

$$NSE_{it}(\%) = \frac{N_{nse,it}}{N_{it}} \times 100\% = \frac{N_{it} - N_{se,it}}{N_{it}} \times 100\% \qquad (6-13)$$

其中，NSE 表示饮料制造业市场化程度，N_{nse} 表示饮料制造业规模以上非国有企业单位数，N_{se} 表示饮料制造业规模以上国有及国有控股企业单位数，N 表示饮料制造业规模以上工业企业单位数。市场化程度的数据来源见变量4。

变量7——人力资本（H）：结合巴罗和李（Barro & Lee，2013）、陈钊等（2004）的计算方法，以从业人员平均受教育年限来衡量人力资本的质量，将受教育程度分为文盲（未上学人口）、小学、初中、高中（含高中和中职）和大专（含专科、本科和研究生）以上五个层次，每个教育层次受教育的累计年限（权重）依次是0年、6年、9年、12年和16年。计算平均受教育年限用各省份每一个层次的人口与6岁以上人口的比值乘以所对应的受教育的权重，之后加总求和。计算公式如下：

$$H_{it} = \sum_{i=1}^{5} Edu_{it} \times P_{it} \quad (6-14)$$

其中，H表示从业人员的平均受教育年限，Edu表示每一个层次的人口与6岁以上人口的比值，P表示受教育的权重。平均受教育年限的数据来源于2000~2015年各省份统计年鉴。

变量8——交通基础设施水平（$transport$）：作为人口大国，交通运基础设施的快速发展，不仅给人们的出行提供了极大的方便，还为国家的经济增长作出极大的贡献。交通基础设施的建设会直接带来经济增长，交通基础设施的使用会带来相关联地区、产业降低成本，提高经济效益。我国交通基础设施由公路、铁路、民航和河运四个部分组成，纵观全国交通基础设施的建设和使用情况，公路和铁路所占比重较高，民航和河运是辅助部分。公路运输和铁路运输对中国经济增长的带动更明显，所以，交通基础设施指标在这里用各省份铁路总里程数和公路总里程数之和表示，单位为公里。计算公式如下：

$$transport_{it} = railway_{it} + road_{it} \quad (6-15)$$

其中，$transport$表示交通基础设施，$railway$表示铁路总里程数，$road$表示公路总里程数。交通基础设施的数据来源于2015年各省份统计年鉴、2005~2014年《重庆交通年鉴》。

变量9——金融发展（$finance$）：周立和王子明（2002）在研究中

第6章 中国饮料制造业全要素生产率影响因素实证分析

国金融发展与全要素生产率的关系时指出，二者是显著正相关，同时指出，在忽略流通中的现金影响条件下，金融发展规模可以选择具有95%以上代表性的全部金融机构存贷款相关指标。金融发展用各省份中资金融机构人民币贷款总额占地区生产总值的比值表示。计算公式如下：

$$finance_{it}(\%) = \frac{loan_{it}}{GDP_{it}} \times 100\% \quad (6-16)$$

其中，$finance$ 表示金融发展，$loan$ 表示中资金融机构人民币贷款额，GDP 表示地区生产总值。金融发展的数据来源于 2000~2015 年各省份统计年鉴。

变量 10——政府财政投入（government financial investment，GFI）：政府的财政投资属于公共资本，与之对应的是民间资本。关于政府财政投入对全要素生产率的影响有两种相反的观点：一种观点认为，财政投入与民间投资互为补充，其增加能够加速民间产出的能力，促进经济增长；另一种观点认为，增加财政投入会导致其与民间资本争夺有限的经济资源，使民间资本投入减少或保持不变，抑制经济发展。政府财政投入比率用地方财政支出与地区生产总值的比值来衡量。计算公式如下：

$$GFI_{it}(\%) = \frac{LFE_{it}}{GDP_{it}} \times 100\% \quad (6-17)$$

其中，GFI 表示政府财政投入比率，LFE 表示地方财政支出，GDP 表示地区生产总值。地方财政投入的数据来源于 2000~2015 年各省份统计年鉴。

变量 11——政府研发经费比重（proportion of government R&D expenditure，GRD）：政府研发经费比重用各省份政府研究与试验发展经费内部支出与各省份政府资金合计值的比值来衡量。计算公式如下：

$$GRD_{it}(\%) = \frac{R\&D_{g,it}}{TGF_{it}} \times 100\% \quad (6-18)$$

其中，GRD 表示政府研发经费比重，$R\&D_g$ 表示各省份政府研究与试验发展经费内部支出，TGF 表示各省份政府资金合计。2000~2008 年各省份政府研发经费来源于《中国科技统计年鉴》各省份科技经费筹集总额中的政府资金，2009~2015年《中国科技统计年鉴》中的数据为政府研究与发展经费内部支出，各省份政府资金合计值来源于 2000~2015年《中国科技统计年鉴》。

以上关于饮料制造业影响因素的分析，实证研究所选择的变量整理如表6-2和表6-3所示。

表6-2　　　饮料制造业全要素生产率影响因素的被解释变量说明

被解释变量	指标符号	度量方法
全要素生产率指数	$lnTFPCH$	各省份饮料制造业全要素生产率指数的自然对数

表6-3　　　饮料制造业全要素生产率影响因素的解释变量说明

解释变量	指标符号	度量方法
\multicolumn{3}{下面的研究对象均为各省份饮料制造业}
消费率	$lnCR$	最终消费增长率的自然对数
市场规模	$lnMS$	国内市场占有率：工业销售产值（当年价格）占全国工业销售产值（当年价格）比值的自然对数
产品市场竞争	$lnPMC$	产品销售率：工业销售产值（当年价格）与工业总产值（当年价格）比值的自然对数
企业单位数	$lnFirms$	规模以上工业企业单位数的自然对数
企业规模	$lnBS$	工业销售产值（当年价格）与规模以上工业企业单位数比值的自然对数
市场化程度（非国有企业比重）	$lnNSE$	规模以上非国有企业单位数与规模以上工业企业单位数比值的自然对数
\multicolumn{3}{下面的研究对象均为各省份}
人力资本	lnH	每一个层次的人口与6岁以上人口的比值乘以所对应的受教育的权重后加总求和的自然对数
交通基础设施水平	$lnTransport$	铁路总里程数和公路总里程数之和的自然对数
金融发展	$lnFinance$	中资金融机构人民币贷款额占国内生产总值比值的自然对数
政府财政投入	$lnGFI$	地方财政支出与地区生产总值的比值的自然对数
政府研发经费	$lnGRD$	政府R&D经费内部支出与政府资金合计值比值的自然对数

第 6 章　中国饮料制造业全要素生产率影响因素实证分析

6.4　数据来源说明

本章选取 2000～2015 年中国 30 个省份的饮料制造业数据为研究对象，实证分析所使用的软件为 Stata 13.1，考虑数据的完整性和一致性，没有把我国香港、澳门和台湾以及西藏自治区列为考察对象，其中计算最终消费增长率指标时用 1999 年数据。

本章在使用差分 GMM 回归和系统 GMM 回归分析方法时需要一个被解释变量和 11 个解释变量。被解释变量是全要素生产率增长指数，所使用的数据来源见第 4 章。鉴于中国饮料制造业省级数据的有限性，考虑数据的完整性，选择了 11 个解释变量，共需要 15 个数据，各省份饮料制造业缺失数据解释如下：（1）工业销售产值（当年价格）缺失天津、四川、青海和宁夏 2000 年及天津 2015 年、重庆 2014 年数据，缺失的 6 个数据用 Eviews 软件处理；（2）规模以上工业企业单位数缺失福建 2013 年和 2014 年数据，采用算数平均法补充；（3）规模以上国有及国有控股企业企业单位数，由于吉林省、海南省、云南省和甘肃省缺失数据较多，故没有使用 4 省数据；（4）2000～2008 年的 R&D 经费内部支出合计用科技经费筹集总额及其中的政府资金替代。本章所使用的数据均来源于 2000～2015 年《中国工业统计年鉴》、各省工业年鉴、《中国统计年鉴》、各省统计年鉴、《中国食品工业年鉴》《中国科技统计年鉴》《第二次全国 R&D 资源清查资料汇编 2009》、2005～2014 年《重庆交通年鉴》。

6.5　实证结果分析与讨论

本章用差分 GMM 和系统 GMM 两种回归方法对实证模型（6-4）

进行估计，在进行实证分析过程中所使用的软件为 Stata 13.1，具体的回归结果如表 6-4、表 6-5 所示。

表 6-4 和表 6-5 分别给出了实证模型 (6-4) 的差分 GMM 估计结果和系统 GMM 估计结果及与其相关的检验结果。在进行回归分析过程中，将市场规模、产品市场竞争、企业单位数、企业规模、市场化程度这几个变量作为内生变量，本章选取这些变量的滞后一阶变量和二阶变量作为工具变量。两种方法在检验结果中，Sargan 检验的 P 统计值均为 1（>10%），说明不拒绝原假设，设定的工具变量是合适的，所有工具变量都是外生的。两种方法对自回归（AR）检验结果，AR（1）中的 P<1%，AR（2）中的 P>10%，即在经过差分一阶转换后允许存在一阶序列相关，但是不允许存在二阶序列相关，说明所有回归方程通过了随机扰动项 ε_{it} 无自相关检验，不拒绝原假设。以上的两个检验结果说明实证模型中所设定的工具变量是有效的。关于 Wald 检验的结果，统计量对应的 P 值为 0（<1%），说明拒绝了原假设，即解释变量的系数均不为零。两种回归结果的检验结果是一致的，说明模型设计和方法选择是有效的，同时也检验了本章提出的所有影响全要素生产率增长指数的因素的稳健性。

从表 6-4 中回归估计的结果可知，消费率、市场化程度、交通基础设施与全要素生产率增长指数显著正相关，全要素生产率增长指数滞后一阶、企业单位数、企业规模与全要素生产率指数显著负相关，产品市场竞争、金融发展与全要素生产率正相关但不显著，市场规模、人力资本、政府财政投入、政府研发经费比重与全要素生产率增长指数负相关但不显著。

表 6-4 和表 6-5 分别是差分 GMM 估计和系统 GMM 估计，从两个表的估计结果可知，两种估计方法得出的系数符号基本上一致。但是考虑系统 GMM 方法更具有稳健性，本章计量回归结果以系统 GMM 估计结果为基准。故本章以表 6-5 的回归结果来进行解释。

第6章 中国饮料制造业全要素生产率影响因素实证分析

表6-4　2000~2015年中国饮料制造业全要素生产率影响因素分析
——差分GMM回归结果

Variable 变量	Coefficient 回归系数	Std. Error 标准误	Z-Statistic Z值	Prob. P值
$l.\ln TFPCH$	-0.297***	0.042	-7.11	0.000
$\ln CR$	0.0125***	0.005	2.76	0.006
$\ln MS$	-0.0321	0.083	-0.38	0.700
$\ln PMC$	0.334	0.552	0.61	0.545
$\ln Firms$	-0.372***	0.069	-5.36	0.000
$\ln BS$	-0.0617*	0.037	-1.66	0.096
$\ln NSE$	0.300***	0.095	3.17	0.002
$\ln H$	-0.359	0.428	-0.84	0.401
$\ln Transport$	0.130***	0.037	3.51	0.000
$\ln Finance$	0.0983	0.132	0.75	0.456
$\ln GFI$	-0.0891	0.100	-0.89	0.372
$\ln GRD$	-0.0132	0.037	-0.36	0.722
_cons	0.925	0.855	1.08	0.279
Observation	480	480	480	480
Wald检验 p-value				0.0000
AR（1） p-value				0.0037
AR（2） p-value				0.4619
Sargan检验 p-value				1.0000

注：***，*分别表示1%、10%的显著水平；Wald检验的原假设为"H0：各解释变量的系数均为零"；AR（2）检验的原假设为"H0：随机扰动项 $\{\varepsilon_{it}\}$ 无自相关"；Sargan检验的原假设为"H0：所有工具变量都是外生的"。

表 6-5　　2000~2015 年中国饮料制造业全要素生产率影响因素分析
——系统 GMM 回归结果

Variable 变量	Coefficient 回归系数	Std. Error 标准误	Z-Statistic Z值	Prob. P值
$l.\ln TFPCH$	-0.261***	0.056	-4.62	0.000
$\ln CR$	0.0140***	0.004	3.12	0.002
$\ln MS$	-0.0125	0.111	-0.11	0.910
$\ln PMC$	0.251	0.527	0.48	0.634
$\ln Firms$	-0.237***	0.058	-4.07	0.000
$\ln BS$	-0.0367	0.038	-0.97	0.332
$\ln NSE$	0.288***	0.100	2.89	0.004
$\ln H$	-0.548*	0.321	-1.71	0.088
$\ln Transport$	0.125***	0.032	3.93	0.000
$\ln Finance$	0.175	0.149	1.17	0.241
$\ln GFI$	-0.0527	0.092	-0.57	0.566
$\ln GRD$	-0.0131	0.036	-0.36	0.716
_cons	0.824	0.702	1.17	0.240
Observation	480	480	480	480
Wald 检验 p-value				0.0000
AR（1）p-value				0.0046
AR（2）p-value				0.3971
Sargan 检验 p-value				1.0000

注：***，*分别表示1%、10%的显著水平；Wald检验的原假设为"H0：各解释变量的系数均为零"；AR（2）检验的原假设为"H0：随机扰动项｛εit｝无自相关"；Sargen检验的原假设为"H0：所有工具变量都是外生的"。

从表6-5得出的具体回归结果得到了全要素生产率增长指数的滞后一阶，其一阶滞后值的系数为-0.261，通过了1%水平的显著检验。这个结果说明：一是中国饮料制造业的全要素生产率存在着显著的滞后效应，选择动态面板模型是有效性；二是（$t-1$）期的全要素生产率提

第6章 中国饮料制造业全要素生产率影响因素实证分析

高1%，t期的全要素生产率会降低0.261%，如果其他条件保持不变，中国饮料制造业缺乏提高效率的动力；三是这个结果与第4章中检验中国饮料制造业全要素生产率条件收敛的结论相一致，中国饮料制造业全要素生产率增长呈现出显著的条件收敛。

消费率的提高显著促进了饮料制造业全要素生产率水平的增长。从表6-5中的回归结果可以看出，该变量的系数符号为正且在1%的统计水平上显著，即消费率每增加1个百分点，饮料制造业全要素生产率将提高0.0140个百分点，该结果与徐凤和金克琴（2009）、袁建文和蒙明忠（2011）、马永军（2014）的研究结论相一致。地区饮料制造业消费率提高能够刺激该地区业内企业不断进行产品创新，降低成本，提高管理水平，提高产品的质量与产量，促使饮料制造业企业形成规模经济。根据不断调整趋向合理的市场需求结构，提高了饮料制造业企业生产要素的使用效率，促进地区饮料制造业经济增长。厦门大学宏观经济研究中心课题组（2016）认为在供给侧改革的大环境下，应该以居民消费需求结构的演变为重点，构建满足居民消费结构升级后的产品和现代服务供给体系，增加有效供给。所以，饮料制造业应该以市场需求为出发点，不断研发满足消费者偏好的产品和服务，调整产业布局，提高生产效率。

市场规模的扩大抑制了饮料制造业全要素生产率水平的增长。从表6-5中的回归结果可以看出，该变量的系数符号为负且不显著，不具有统计意义，该结果与黄瑾（2000）、冯伟和卞家涛（2014）的研究结论相一致。波特认为市场占有率与利润率的关系存在三种可能：第一种是企业成本较低但利润较高，市场占有率也较高；第二种是采用差别化战略的企业虽然市场占有率低，但是利润率较高；第三种是一些企业处于前两者之间，市场占有率处于中间，利润却很低。地区饮料制造业市场规模的扩大没有促进全要素生产率的增长，究其原因是：饮料制造业是新兴产业，大部分企业没有形成规模经济，生产成本没有达到规模经济的较低水平，为了突出产品优势，企业仍需要不断进行研发及投入广告等，导致成本居高不下，市场占有率的优势不能很好地体现出来。

产品市场竞争的加剧促进了饮料制造业全要素生产率的增长。从表6-5中的回归结果可以看出，该变量的系数符号为正且不显著，不具有统计意义，该结果与周应恒和杜飞轮（2005）、李长青等（2015）的研究结论相一致。地区饮料制造业的产品销售率可以反映出该地区的饮料产品是否符合社会需要，但是，该值的高低不能完全反映出经济发展的现状，与饮料制造业产业发展阶段相关，与社会经济发展阶段相关。饮料制造业是新兴产业，由于研发投入高、广告投入高、政府扶持力度不足等导致生产成本较高，产品销售率即使很高，仍然会对全要素生产率的影响不显著。

企业单位数的增加显著抑制了饮料制造业全要素生产率的提高。从表6-5中的回归结果可以看出，该变量的系数符号为负且在1%的统计水平上显著，即企业个数每增加1个百分点，饮料制造业全要素生产率将降低0.237个百分点，该结果与程贵孙和朱浩杰（2014）的研究结论相一致；企业规模抑制了饮料制造业全要素生产率的提高，该变量的系数符号虽为负但不显著，该结果与方明月和聂辉华（2008）、战炤磊和王凯（2012）的研究结论相一致。企业单位数和企业规模的结论是一致的，说明选择二者作为饮料制造业全要素生产率的影响因素是正确的，该结论虽然与大部分研究结论相反，是因为研究不同的产业样本会选择不同的代理指标，这样会导致测算全要素生产率的结果有差异。饮料制造业企业进入壁垒较低，作为新兴产业和劳动密集型产业，大多数企业不易形成垄断优势，企业单位数的增加会进一步加深产业内竞争，削弱业绩差的企业的利润，降低生产效率。在第4章对饮料制造业全要素生产率进行测算的结果中也可以得知：技术进步作为主要推动力提高了中国饮料制造业全要素生产率，纯技术效率作为主要推动力改善了技术效率，而规模效率对技术效率的提高起到的是相反的作用，意味着部分饮料制造业企业没有实现规模经济所要达到

第6章 中国饮料制造业全要素生产率影响因素实证分析

的生产水平。另外,本章所研究的指标数据为饮料制造业规模以上工业企业,并没有充分反映产业所有企业的情况,因此,在规模以上工业企业中规模相对较小的企业在效率改善及技术创新方面表现优于大企业。

市场化进程(非国有企业比重)的加速显著促进了饮料制造业全要素生产率水平的提高。从表6-5中的回归结果可以看出,该变量的系数符号为正且在1%的统计水平上显著,即市场化进程每增加1个百分点,饮料制造业全要素生产率将提高0.3个百分点,该结果与蔡昉(2013)、任毅和丁黄艳(2014)、龚关等(2015)、邢育松等(2017)的研究结论相一致。樊纲等(2011)认为在中国经济建设的前期国有企业在经济发展中起到了举足轻重的作用,为中国创造的"经济奇迹"作出了巨大贡献。随着制造业企业所有制形式的发展变化,形成了多种所有制并存的、共同发展的趋势,使中国从粗放型经济向集约型经济发展。饮料制造业属于劳动密集型产业,"人口红利"的优势随着经济的快速发展已经减弱,由于部分国有企业存在不合理的资源配置、过于集权的管理方式及缺乏创新精神等问题导致经济效率低下,而饮料制造业非国有企业的比重增加会促进全要素生产率的提高。所以,饮料制造业应该继续加快市场化进程的速度,提高地区非国有化程度,降低市场的垄断力量,改善饮料制造业的资源配置效率,提高该产业的要素禀赋流动性,降低企业成本,保持饮料制造业持续稳定的经济增长。

人力资本投入的增加显著抑制了饮料制造业全要素生产率水平的提高。从表6-5中的回归结果可以看出,该变量的系数符号为负且在10%的统计水平上显著,该结果与彭国华(2007)、陈仲常和谢波(2013)、李健和盘宇章(2017)的研究结论相一致。从查阅相关统计年鉴、数据搜集过程中可知,各省份饮料制造业的研发活动及专利情况、新产品开发及生产情况、研发人员数量等数据的统计不完整,或者是年份缺失,或者是数量较少,所以在研究人力资本对各省份饮料制造业全要素生产率的影响因素时,放弃了与研发相关的数据,选择了各省份的平均受教育年限这个指标。从改革开放初期到现在,"人口红利"推动经济增长的动力越来越小,具有初等教育的劳动力已经不适应中国经济发展的速度,具有中等教育的劳动力需要不断积累经验,通过"干中学"提高劳动效率,具备高等教育的劳动力会慢慢成为经济增长的主力军。由表6-6可知,1970年中国、韩国主要劳动力受中等教育的比例均低于日本,但是韩国以每5年10%的递增速度在1990年超过了日本,中国在2005年超过日本,在2010年超过韩国;而中国主要劳动者受高等教育的比例从1970年就远远低于日本和韩国,到2010年,韩国具备高等教育的劳动力已占主要劳动力总数的40%,日本几乎达到50%,中国以每5年近乎1%的速度递增,但到2010年仍不足6%。所以,推动饮料制造业全要素生产率增长需要提高受高等教育劳动者的比例。

表6-6　　主要劳动者(35~54岁)受中等和高等教育比例　　单位:%

教育分类	年份	中国	日本	韩国	教育分类	年份	中国	日本	韩国
中等教育	1970	9.2	34.0	18.8	高等教育	1970	0.9	4.9	5.2
	1975	14.4	38.8	25.8		1975	1.3	9.0	6.7
	1980	18.5	43.5	34.0		1980	1.6	12.6	9.1
	1985	24.8	47.8	43.7		1985	1.7	17.5	11.2
	1990	29.4	51.0	54.2		1990	2.2	21.6	13.7
	1995	40.8	54.2	60.4		1995	2.7	26.3	18.5
	2000	51.6	54.8	61.8		2000	4.0	32.4	24.9
	2005	58.1	49.8	61.4		2005	4.6	39.7	31.1
	2010	63.7	46.1	57.9		2010	5.5	47.2	38.3

资料来源:楠玉等,《论当前我国全要素生产率的提升途径》,载于《上海经济研究》2017年第3期。

交通基础设施水平的增加显著促进了饮料制造业全要素生产率水平的提高。从表6-5中的回归结果可以看出,该变量的系数符号为

第6章 中国饮料制造业全要素生产率影响因素实证分析

正且在1%的统计水平上显著,该结果与胡鞍钢和刘生龙(2009)、刘秉镰等(2010)、叶昌友和王遐见(2013)等研究相一致。由中国铁路总公司发布的信息可知,截至2017年底,我国高速铁路2.5万公里,铁路营业里程达到12.7万公里,含东北三省的中西部地区铁路营业里程达9.7万公里,全国铁路完成固定资产投资8010亿元,高速铁路投产里程总计3038公里。由中国交通运输部的政府网站发布的信息可知,截至2017年底,近五年我国公路总里程增长约53.4万公里,二级及以上公路通达96.7%的县,高速公路覆盖97%的20万人口城市及地级行政中心。其中,交通运输行业在2017年可量化措施将降低物流成本约882亿元。经济发展的首要任务是推动生产率的提高,基础设施必须先行推进。交通基础设施投入的增加,可以提高饮料制造业的运输效率,降低运输成本,从而优化配置生产要素,提高饮料制造业的全要素生产率;铁路和公路的铺设在我国境内已经形成巨大的交通运输网络,将各个区域连接在一起,有利于饮料制造业的技术溢出,增加企业间的竞争,刺激企业研发与创新,提高生产率;通畅的交通也丰富了居民的生活水平,居民自由选择饮料制造业商品的机会增加,提高了居民消费,需求的刺激可以间接地提高饮料制造业的全要素生产率。

金融发展能够促进饮料制造业全要素生产率的提高。从表6-5的回归结果可以看出,该变量的系数为0.175,因为是正相关且不显著,所以与张军和金煜(2005)、姚耀军(2012)等研究相一致,这个结果应该与金融发展选择的具体指标有关。我国的金融体制是由政府主导,对银行过度介入,所以,银行受政府导向和干预比较多,倾向于将贷款大部分贷给了国有企业,一些国有企业生产效率低下,追求创新、提高效率的意识薄弱,导致金融发展对全要素生产率的促进作用减弱。如果选择各省非国有企业贷款比重得出的结论会更好,由于数据收集存在困难,所以,本章金融发展选择中资金融机构人民币贷款额占国内生产总值比值会将二者的关系弱化。饮料制造业全要素生产率的提高需要金融发展的不断完善，二者相互促进。

政府财政投入的增加抑制了饮料制造业全要素生产率水平的提高。从表6-5中的回归结果可以看出，该变量的系数符号为负但不显著，系数为-0.0527，说明政府的财政支出增加1个百分数，饮料制造业的全要素生产率降低0.0527个百分数，这个结论比较模糊，不具有统计意义，该结果与郭庆旺和贾俊雪（2003、2008、2009）的研究相一致。在中国改革开放的进程中，政府的规模由1996年的11.2%上升到2015年的25.7%，政府职能在不断调整适应"新常态"。随着中国市场经济的逐步完善，政府对经济的干预越来越少，不断调整财政支出结构，目的是希望政府投资能够优化产业结构，实现生产效率最大化，促进经济增长。饮料制造业是劳动密集型新兴产业，企业规模小、数量多，企业自身研发投入较低，如果不是该省的重点企业，容易导致政府在财政支出方面重视不足，导致政府财政支出对饮料制造业的全要素生产率影响不显现。所以，地方政府在"以经济建设为中心"的绩效考核制度下，重视高增长、高效率的产业，政府支出的配置扭曲和效率低下一定会影响饮料制造业的发展。

政府研发经费投入的增加抑制了饮料制造业全要素生产率的提高。从表6-5中的回归结果可以看出，该变量的系数符号为负但不显著，系数为-0.0131，这个系数值对饮料制造业全要素生产率的影响更小，不具有统计意义，该结果与郭庆旺和贾俊雪（2005）、谭光荣等（2016）、孙一菡等（2017）的研究相一致。在饮料制造业分省、分行业的数据整理过程中，与R&D相关的完整数据只有政府研发经费的投入，使用省级层面的政府研发经费比重来分析对各省饮料制造业全要素生产率的影响，会弱化二者的关系。中国政府的研发经费的使用不仅是为了提高全要素生产率，更是要提高国家的科技水平，会侧重于基础研究、高新技术产业的开发、国防及其他公益研究。所以，投入到饮料制造业的政府研发经费容易扭曲企业的创新动力，对饮料制造业全要素生产率的提高没有促进作用。

第 6 章　中国饮料制造业全要素生产率影响因素实证分析

6.6　本章小结

本章依据国内外关于产业全要素生产率影响因素的文献资料，结合从 2000~2015 年中国饮料制造业分省、分行业的数据，将中国饮料制造业全要素生产率作为被解释变量，考虑数据的可获得性，选择了 11 个影响因素作为中国饮料制造业全要素生产率的解释变量。在此基础上，构建了中国饮料制造业动态面板模型，采用差分 GMM 和系统 GMM 方法，实证分析了中国饮料制造业全要素生产率的影响因素，根据结论的可靠性选择系统 GMM 的回归结果进行解释。研究结果中共有 5 个影响因素与全要素生产率的增长显著相关，另有 6 个影响因素相关但不显著，不具有统计意义，具体结论是：(1) 有 1 个影响因素在 10% 水平上负向显著，人力资本与饮料制造业全要素生产率显著负相关，提高产业全要素生产率增长率需要的是受过高等教育的人才，作为研究对象的受教育的人力资本范围被放大后将会影响全要素生产率增长；(2) 有 3 个影响因素在 1% 水平上正向显著，消费率、市场化程度和交通基础设施水平均与饮料制造业全要素生产率显著正相关，能够积极促进饮料制造业全要素生产率的增长；(3) 有 1 个影响因素在 1% 水平上负向显著，企业单位数与全要素生产率负相关，企业单位数的扩张对产业全要素生产率起到了拖拉作用；(4) 产品市场竞争、金融发展 2 个影响因素与全要素生产率正相关但不显著，不具有统计意义；(5) 市场规模、企业规模、政府财政收入、政府研发经费投入 4 个影响因素与全要素生产率负相关但不显著，不具有统计意义；(6) 中国饮料制造业的全要素生产率存在着显著的滞后效应，说明选择动态面板模型是有效性，如果其他条件保持不变，中国饮料制造业缺乏提高效率的动力，而且这个结果与第 4 章中检验中国饮料制造业全要素生产率条件收敛的结论相一致，中国饮料制造业全要素生产率增长呈现出显著的条件收敛。

第 7 章

研究结论、政策启示与展望

7.1 主要研究结论

本书在理论分析和文献回顾的基础上，从宏观、微观两个角度实证研究了饮料制造业全要素生产率增长及分解，更加完整、翔实地实证反映出中国饮料制造业经济增长的现状。运用数据包络分析方法，测算了全国及 30 个省份 2000~2015 年饮料制造业全要素生产率水平及技术进步、技术效率等分解变量的增长率水平，同时对全要素生产率的增长是否具有收敛特征进行了检验；测算了 2001~2015 年中国饮料制造业沪深 A 股 24 家上市企业全要素生产率水平及技术进步、技术效率等分解变量增长率水平，同时将饮料制造业微观层面的测算数据与宏观层面的测算数据进行比较；采用差分 GMM 和系统 GMM 方法研究了中国饮料制造业全要素生产率的影响因素。主要得出以下研究结论。

第一，通过宏观层面分析 2000~2015 年中国饮料制造业的全要素生产率及技术进步、技术效率等分解变量增长率水平，可知：（1）技术进步是中国饮料制造业全要素生产率提高的主要推动力，其中纯技术效率是改善技术效率的主要推动力；（2）从地区饮料制造业全要素生产率及技术进步、技术效率等分解变量增长率水平可知，全国及东部、中部和西部饮料制造业的全要素生产率增长均呈现倒"U"型态势，

第 7 章　研究结论、政策启示与展望

中部、西部的全要素生产率水平显著高于全国平均水平，东部的全要素生产率水平显著低于全国平均水平，东部、西部省份饮料制造业全要素生产率的增长是由技术进步和技术效率改善共同推动的，中部省份饮料制造业全要素生产率增长的唯一推动力为技术进步，技术效率的恶化产生了一定程度的拖累效应；(3) 全国及东部、中部、西部饮料制造业全要素生产率增长的绝对收敛特征并不明显，但出现了显著的条件收敛，表明全国及三个区域内部地区的饮料制造业全要素生产率增长差距在不断缩小。

第二，通过微观层面分析 2001~2015 年中国饮料制造业的全要素生产率及技术进步、技术效率等分解变量增长率水平可知：(1) 技术进步是中国饮料制造业上市企业全要素生产率提高的主要推动力；(2) 通过各上市企业的全要素生产率水平及技术进步、技术效率等分解变量可知，技术进步、技术效率共同影响各上市企业生产率的增长，纯技术效率、规模效率提高也会促进各上市企业提高技术效率；(3) 中国饮料制造业上市企业及东部、中部、西部的全要素生产率增长率均呈现倒"U"型态势，中部和西部的全要素生产率水平显著高于全国平均水平，东部的全要素生产率水平显著低于全国平均水平，西部地区上市企业全要素生产率的增长是由技术进步和技术效率改善共同推动的，东部和中部地区上市企业全要素生产率增长仅由技术进步推动。

第三，将微观数据（2001~2015 年中国饮料制造业沪深 A 股 24 家上市企业）与宏观数据（2000~2015 年中国饮料制造业）的全要素生产率及技术进步、技术效率等分解变量增长水平进行比较发现：(1) 中国饮料制造业全要素生产率增长率、技术进步增长率的均值都为 8.50%，技术效率增长率均值保持不变，中国饮料制造业上市企业全要素生产率增长率的均值为 4.40%，技术进步增长率的均值为 4.6%，技术效率增长率的均值为 -0.02%。由此可知，上市企业绝大部分的数据低于全国的平均水平，二者之间的差距说明饮料制造业非上市企业中仍有企业具有较高的全要素生产率表现，饮料制造业上市企业之间个别表现不佳的企业极易影响上市企业整体表现。（2）通过对二者全要素生产率及技术进步、技术效率等分解变量增长率变化比较发现，一是它们的增长率所呈现的变动趋势基本是一致的，说明关于两个视角的全要素生产率及分解变量的增长率测算更完整与翔尽地分析了中国饮料制造业经济发展现状；二是上市企业的规模效率增长率优于全国水平，说明管理规范的上市企业，依靠企业自身优势，在规模效率等方面表现更佳，既实现企业自身全要素生产率增长，也为全国饮料制造业全要素生产率增长的波动起到了稳定作用。

第四，通过对中国饮料制造业宏观层面全要素生产率的影响因素分析，共有 6 个因素与全要素生产率的增长显著相关，另有 5 个因素相关但不显著，不具有统计意义，具体结果如第 6 章小结中所述。

7.2 政策启示

基于以上研究结论，我们可以得到以下几个方面的政策启示。

第一，应该对饮料制造业技术效率的改善给予高度重视。实证结果表明，饮料制造业全要素生产率增长完全由技术进步支持，而技术效率保持不变，这说明技术效率改善的空间较大。因此，饮料制造业应该加强企业管理水平和提升劳动者的技能，提高企业运行的效率，以便进一步提高其全要素生产率。

第二，加强 R&D 投入强度以保障技术进步。饮料制造业属于传统制造业领域，需要通过技术创新来提升产品的质量，这是因为当前居民生活水平的提升对于产品的质量和保健功能有了更高的需求。

第三，应该协调发展不同区域的饮料制造业。通过研究发现，全国及西部地区的饮料制造业呈现不显著的绝对收敛，而东部地区则呈现显著的绝对收敛，中部地区没有呈现出绝对收敛，说明仅中部地区的饮料制造业全要素生产率增长差异在不断扩大。我们还发现，无论是从全国

第 7 章 研究结论、政策启示与展望

层面还是从三个区域层面均发现了显著的条件收敛，这说明全国及三个地区内部的饮料制造业全要素生产率增长不断趋同，但是区域之间依旧存在明显的差异。因此，国家在支持饮料制造业发展的过程中应该努力协调不同区域之间的行业发展，避免过于重视东部地区饮料制造业的发展而忽略了中西部地区的发展。

第四，创新市场营销手段，开发和培育国内消费者市场，提高消费者增长率。中国饮料制造业应该先立足国内市场，研究国内消费者需求，更新拓展产品种类，提高产品质量，推进产业的可持续性发展，同时保护民族品牌，在与饮料制造业国外同类品牌的竞争中扩大市场份额。

第五，进一步完善饮料制造业市场化程度。饮料制造业市场化进程的推进，显著提高了全要素生产率增长，增强了产业竞争力。饮料制造业未来提高市场化程度，应该提高企业经营者职权自主性和选择的自由度，提高企业劳动、人事、分配的自由度，完善企业治理结构等。

第六，继续加强交通基础设施建设。中国在改革开放的 40 多年来，交通基础设施建设已经得到了突飞猛进的跨越式进步，其成就有目共睹，为饮料制造业竞争力的提高打下了坚实的基础，各地区应该根据本地区饮料制造业具体现状，有针对性地提供适合其发展的基础设施建设，为地区饮料制造业竞争力的提高提供有效支持。

7.3 研究不足与展望

本书在理论分析与文献回顾的基础上，从宏观、微观两个方面实证研究了饮料制造业全要素生产率水平及分解并做以比较，同时实证分析了中国饮料制造业全要素生产率的影响因素。但是本书仍存在以下几点不足，需要在后续的学习中加以完善和补充。

一是测算全要素生产率的方法有参数法和非参数法，其中参数法主要有索罗余值法、随机前沿生产函数法（SFA）等，非参数法主要有指数法、数据包络分析法（DEA）等，本书仅选用非参数的数据包络分析的 DEA-Malmquist 指数法来研究中国饮料制造业的全要素生产率，存在研究结果的局限性和片面性。未来可以考虑尝试其他方法研究饮料制造业全要素生产率，进一步完善饮料制造业全要素生产率的研究。

二是囿于研究样本数据的局限性，关于饮料制造业全要素生产率影响因素的研究仅能根据现有数据进行分析。例如，饮料制造业没有分省份、分行业关于 R&D 的相关数据，在未来的研究中，随着样本数据的补充和完善，有利于进一步全面研究饮料制造业全要素生产率的影响因素。

三是鉴于研究的时间和个人研究能力有限，本书仅从全国、地区和上市企业层面分析了饮料制造业的全要素生产率。在未来的研究中，分析角度还可以扩充到国有企业、外商投资企业等，或者深入分析饮料制造业四位数行业的全要素生产率。

参考文献

[1] 阿尔弗雷德·马歇尔. 经济学原理 [M]. 廉运杰, 译. 北京: 华夏出版社, 2005.

[2] 白重恩, 张琼. 中国生产率估计及其波动分解 [J]. 世界经济, 2015 (12): 3-28.

[3] 保罗·萨缪尔森, 威廉·诺德豪斯. 经济学 (第十八版) [M]. 北京: 人民邮电出版社, 2005.

[4] 蔡德容, 张鑫. 基于面板门限模型的最终消费率与经济增长关系的实证研究 [J]. 消费经济, 2015 (2): 8-11.

[5] 蔡昉. 中国经济增长如何转向全要素生产率驱动型 [J]. 中国社会科学, 2010 (1): 56-71.

[6] 陈丰龙, 徐康宁. 本土市场规模与中国制造业全要素生产率 [J]. 中国工业经济, 2012 (5): 44-56.

[7] 陈启斐, 吴建军. 金融发展与技术进步: 一项来自中国省级数据的研究 [J]. 经济评论, 2013 (6): 98-107.

[8] 陈强. 高级计量经济学及Stata应用 (第二版) [M]. 北京: 高等教育出版社, 2004.

[9] 陈艳莹, 王二龙. 要素市场扭曲、双重抑制与中国生产性服务业全要素生产率: 基于中介效应模型的实证研究 [J]. 南开经济研究, 2013 (5): 71-82.

[10] 陈钊, 陆铭, 金煜. 中国人力资本和教育发展的区域差异: 对于面板数据的估算 [J]. 世界经济, 2004 (12): 25-31.

[11] 陈仲常,谢波.人力资本对全要素生产率增长的外部性检验——基于我国省际动态面板模型[J].人口与经济,2013(1):68-75.

[12] 程贵孙,朱浩杰.民营企业发展战略性新兴产业的市场绩效研究——基于21个细分行业面板数据分析[J].科学学与科学技术管理,2014(1):109-116.

[13] 程中华,于斌斌.产业集聚与技术进步——基于中国城市数据的空间计量分析[J].山西财经大学学报,2014,36(10):58-66.

[14] 大卫·李嘉图.政治经济学及赋税原理[M].北京:光明日报出版社,2009.

[15] 丁伯根.生产、收入与福利[M].北京:北京经济学院出版社,1991.

[16] 董桂才,朱晨.中国工业全要素生产率增长行业差异及其影响因素研究——基于增长核算法2位数编码工业行业面板数据的实证分析[J].中央财经大学学报,2013,1(11):62.

[17] 董旭,吴传清.中国城市全要素生产率的时空演变与影响因素研究——来自35个主要城市2000—2014年的经验证据[J].学习与实践,2017(5):5-16.

[18] 杜传忠,吕坤,刘玉海.中国酿酒业上市公司生产效率的实证研究——基于DEA模型的两阶段分析[J].经济问题探索,2009(11):87-93.

[19] 樊纲,王小鲁,马光荣.中国市场化进程对经济增长的贡献[J].经济研究,2011(9):4-16.

[20] 范红忠.有效需求规模假说、研发投入与国家自主创新能力[J].经济研究,2007(3):33-43.

[21] 范剑勇,谢强强.地区间产业分布的本地市场效应及其对区域协调发展的启示[J].经济研究,2010(4):107-119.

[22] 方明月,聂辉华.企业规模决定因素的经验考察——来自中国企业面板的证据[J].南开经济研究,2008(6):27-36.

[23] 冯伟, 卞家涛. 本土市场规模与地区生产率: 对"市场范围"假说的实证检验 [J]. 产业经济研究, 2014 (5): 23-32.

[24] 高鸿业. 西方经济学 (第二版) [M]. 北京: 中国人民大学出版社, 2000.

[25] 高翔, 黄建忠. 对外开放程度、市场化进程与中国省级政府效率——基于 Malmquist-Luenberger 指数的实证研究 [J]. 国际经贸探索, 2017 (10): 19-35.

[26] 宫俊涛, 孙林岩等. 中国制造业省际全要素生产率变动分析——基于非参数 Malmquist 指数方法 [J]. 数量经济技术研究, 2008, 25 (4): 97-109.

[27] 龚关, 胡关亮, 陈磊. 国有与非国有制造业全要素生产率差异分析——基于资源配置效率与平均生产率 [J]. 产业经济研究, 2015 (1): 93-100.

[28] 郭庆旺, 贾俊雪. 地方政府间策略互动行为、财政支出竞争与地区经济增长 [J]. 管理世界, 2009 (10): 17-27.

[29] 郭庆旺, 贾俊雪. 积极财政政策的全要素生产率增长应 [J]. 中国人民大学学报, 2005, 19 (4): 54-62.

[30] 郭庆旺, 贾俊雪. 中央财政转移支付与地方公共服务提供 [J]. 世界经济, 2008 (9): 74-84.

[31] 郭庆旺, 吕冰洋, 张德勇. 财政支出结构与经济增长 [J]. 经济理论与经济管理, 2003 (11): 5-12.

[32] 郭悦, 安烨等. 产业集聚对旅游业全要素生产率的影响——基于中国旅游业省级面板数据的实证研究 [J]. 旅游学刊, 2015 (5): 14-22.

[33] 胡鞍钢, 刘生龙. 交通运输、经济增长及溢出效应——基于中国省际数据空间经济计量的结果 [J]. 中国工业经济, 2009 (5): 5-14.

[34] 胡永远, 刘智勇. 不同类型人力资本对经济增长的影响分析

[J]. 人口与经济, 2004 (2): 55-58.

[35] 黄瑾. 市场占有与市场占有率 [J]. 福建师范大学学报 (哲学社会科学版), 2000 (3): 5-10.

[36] 黄燕萍. 金融发展、人力资本与全要素生产率 [J]. 厦门大学学报 (哲学社会科学版), 2016 (2): 102-110.

[37] 吉生保, 席艳玲. 中国食品饮料行业经营绩效评价及影响因素——基于 SORM-BCC 和 Malmquist 的 DEA-Tobit 模型 [J]. 上海经济研究, 2011 (9): 71-84.

[38] 荆浩. 高成长型科技中小企业识别与评价研究 [D]. 沈阳: 东北大学, 2008.

[39] 荆林波, 王雪峰. 消费率决定理论模型及应用研究 [J]. 经济学动态, 2011 (11): 71-79.

[40] 雷鹏. 制造业产业集聚与区域经济增长的实证研究 [J]. 上海经济研究, 2011 (1): 35-45.

[41] 李长青, 纪恭婷, 苏抗男. 内蒙古煤炭产业经济运行效益分析 [J]. 煤炭经济研究, 2015, 35 (5): 48-51.

[42] 李春顶. 中国制造业行业生产率的变动及影响因素——基于 DEA 技术的 1998—2007 年行业面板数据分析 [J]. 数量经济技术经济研究, 2009 (12): 58-69.

[43] 李春霞. 产品市场竞争、所有权性质与全要素生产率——来自中国上市公司的经验证据 [J]. 财贸研究, 2016 (1): 19-27.

[44] 李丹, 胡小娟. 中国制造业企业相对效率和全要素生产率增长研究——基于 1999—2005 年行业数据的实证分析 [J]. 数量经济技术经济研究, 2008, 25 (7): 31-41.

[45] 李健, 盘宇章. 金融发展、实体部门与全要素生产率增长——基于中国省级面板数据分析 [J]. 经济科学, 2017 (5): 16-30.

[46] 李健, 盘宇章. 中国城市生产率增长差异及收敛性分析 [J]. 城市问题, 2018 (1): 56-64.

参考文献

[47] 李健,卫平. 民间金融和全要素生产率增长 [J]. 南开经济研究, 2015 (5): 74-79.

[48] 李健,卫平等. 中国地区工业生产率增长差异及收敛性研究——基于三投入 DEA 实证分析 [J]. 产业经济研究, 2015 (5): 21-30.

[49] 李玲. 中国工业绿色全要素生产率及影响因素研究 [D]. 广州: 暨南大学, 2012.

[50] 李星光. 中国石化产业全要素生产率研究 [D]. 大连: 大连理工大学, 2010.

[51] 梁健娟,曾光. 中国饮料制造业全要素生产率测度及其影响因素分析——基于 13 个四位数行业的视角 [J]. 湖北农业科学, 2014, 53 (13): 3199-3203.

[52] 梁伟健,张乐. 财政政策有助于全要素生产率增长吗?——基于 1999—2015 年省级面板数据的实证分析 [J]. 经济经纬, 2017 (6): 159-164.

[53] 林毅夫,任若恩. 东亚经济增长模式相关争论的再探讨 [J]. 经济研究, 2007 (8): 4-12.

[54] 凌泽华. 基于 DEA 的我国白酒上市企业生产效率分析 [J]. 酿酒科技, 2013 (7): 7-10.

[55] 凌泽华. 基于 Mamlquist 指数的上市公司生产效率动态变化分析——以白酒产业为例 [J]. 财会通讯, 2014 (14): 41-43.

[56] 刘秉镰,李清彬. 中国城市全要素生产率的动态实证分析: 1990-2006——基于 DEA 模型的 Malmquist 指数方法 [J]. 南开经济研究, 2009 (3): 139-152.

[57] 刘秉镰,武鹏,刘玉海. 交通基础设施与中国全要素生产率增长——基于省域数据的空间面板计量分析 [J]. 中国工业经济, 2010 (3): 54-64.

[58] 刘洪,金林. 基于半参数模型的财政支出与经济增长关系研

究[J]. 财政研究, 2012 (10): 65 - 68.

[59] 刘建国. 区域经济效率与全要素生产率的影响因素及其机制研究[J]. 经济地理, 2014, 34 (7): 7 - 11.

[60] 刘金全, 王俏茹. 最终消费率与经济增长的非线性关系——基于 PSTR 模型的国际经验分析[J]. 国际经贸探索, 2017 (3): 41 - 56.

[61] 刘生龙. 人力资本的溢出效应分析[J]. 经济科学, 2014, 36 (2): 79 - 90.

[62] 刘小玄. 中国工业企业的所有制结构对效率差异的影响——1995 年全国工业企业普查数据的实证分析[J]. 经济研究, 2000 (2): 17 - 25.

[63] 刘兴凯, 张诚. 中国服务业全要素生产率增长及其收敛分析[J]. 数量经济技术经济研究, 2010 (3): 55 - 67.

[64] 刘玉海, 吕坤. 中国酿酒业上市公司的效率特征及其影响因素分析——基于 DEA - Tobit 两阶段模型[J]. 财经论丛（浙江财经大学学报）, 2010, 150 (2): 1 - 6.

[65] 刘智勇, 胡永远, 易先忠. 异质型人力资本对经济增长的作用机制检验[J]. 数量经济技术经济研究, 2008, 25 (4): 86 - 96.

[66] 刘智勇, 胡永远. 人力资本、要素边际生产率与地区差异——基于全要素生产率视角的研究[J]. 中国人口科学, 2009 (3): 21 - 31.

[67] 卢丽文, 宋德勇, 黄璨. 长江经济带城市绿色全要素生产率测度——以长江经济带的 108 个城市为例[J]. 城市问题, 2017 (1): 61 - 67.

[68] 吕健. 市场化与中国金融业全要素生产率——基于省域数据的空间计量分析[J]. 中国软科学, 2013 (2): 64 - 80.

[69] 马尔萨斯. 人口论[M]. 北京: 北京大学出版社, 2015.

[70] 马洪福, 郝寿义. 要素禀赋异质性、技术进步与全要素生产率增长——基于 28 个省市数据的分析[J]. 经济问题探索, 2018 (2):

39-48.

[71] 马荣. 中国国有企业效率研究——基于全要素生. 产率增长及分解因素的分析 [J]. 上海经济研究, 2011 (2): 20-28.

[72] 马永军. 消费、投资与经济发展方式转变——基于全要素生产率视角 [J]. 消费经济, 2014 (1): 76-81.

[73] 马越越. 低碳视角下中国区域物流产业全要素生产率的空间溢出效应研究 [J]. 宏观经济研究, 2016 (12): 90-101.

[74] 毛其淋, 许家云. 市场化转型、就业动态与中国地区生产率增长 [J]. 管理世界, 2015 (10): 7-23.

[75] 聂辉华, 谭松涛, 王宇锋. 创新、企业规模和市场竞争: 基于中国企业层面的面板数据分析 [J]. 世界经济, 2008, 31 (7): 57-66.

[76] 欧阳峣, 傅元海, 王松. 居民消费的规模效应及其演变机制 [J]. 经济研究, 2016 (2): 56-68.

[77] 彭国华. 我国地区全要素生产率与人力资本构成 [J]. 中国工业经济, 2007 (2): 54-61.

[78] 彭国华. 中国地区收入差距、全要素生产率及其收敛分析 [J]. 经济研究, 2005 (9): 19-28.

[79] 彭征波. 企业规模、市场结构与创新——来自不同行业的经验证据 [J]. 中南财经政法大学学报, 2007 (2): 106-111.

[80] 千庆兰, 陈颖彪. 中国地区制造业竞争力的时间变化和空间分异解析 [J]. 地理科学, 2007, 27 (3): 289-295.

[81] 钱学锋, 王胜等. 进口种类与中国制造业全要素生产率 [J]. 世界经济, 2011 (5): 3-25.

[82] 秦宝庭. "市场占有率" 浅谈 [J]. 中国统计, 1997 (5): 23-25.

[83] 阙澄宇, 马斌. 基于 VAR 模型的中国居民消费与经济增长的关系 [J]. 大连海事大学学报, 2010, 36 (4): 68-73.

[84] 任毅, 丁黄艳. 我国不同所有制工业企业经济效率的比较研

究——基于规模效率、管理水平和技术创新视角 [J]. 产业经济研究, 2014 (1): 103-110.

[85] 宋丽颖, 张伟亮. 财政科技投入对西部九省区市全要素生产率影响研究——基于面板分位数回归的方法 [J]. 经济问题探索, 2017 (4): 83-94.

[86] 苏锦红, 兰宜生, 夏怡然. 异质性企业全要素生产率与要素配置效率——基于1999～2007年中国制造业企业微观数据的实证分析 [J]. 世界经济研究, 2015 (11): 109-117.

[87] 苏明政, 张庆君. 市场化进程、金融摩擦与全要素生产率——基于动态一般均衡模型的分析 [J]. 广东财经大学学报, 2017, 32 (5): 4-11.

[88] 孙国茂, 孙同岩. 金融相关比率、证券化率与全要素生产率的关系研究——以山东省数据为例 [J]. 山东社会科学, 2017 (3): 89-95.

[89] 孙晓华, 李明珊. 研发投资: 企业行为, 还是行业特征? [J]. 科学学研究, 2014, 32 (5): 724-734.

[90] 孙晓华, 王昀. 企业规模对生产率及其差异的影响——来自工业企业微观数据的实证研究 [J]. 2014 (5): 57-69.

[91] 孙晓华, 王昀等. R&D 溢出对中国制造业全要素生产率的影响——基于产业间、国际贸易和 FDI 三种溢出渠道的实证检验 [J]. 南开经济研究, 2012 (5): 18-35.

[92] 孙一菡, 谢建国, 熊永莲. 劳动力老龄化、教育水平与地区全要素生产率 [J]. 中国经济问题, 2017 (3): 3-16.

[93] 谭光荣, 史卜云, 金培振. 地方政府竞争、生产性支出与企业全要素生产率——基于空间溢出效应视角的经验证据 [J]. 产业经济研究, 2016 (4): 39-50.

[94] 唐未兵, 傅元海, 王展祥. 技术创新、技术引进与经济增长方式转变 [J]. 经济研究, 2014 (7): 31-43.

参考文献

［95］王德祥，薛桂芝．中国城市全要素生产率的测算与分解（1998－2013）——基于参数型生产前沿法［J］．财经科学，2016（9）：42－52．

［96］王芳，李健．基于劳动效率的中国全要素生产率的再测量［J］．现代财经：天津财经大学学报，2015（12）：74－87．

［97］王晶晶．服务业 FDI 对东道国全要素生产率的溢出效应——基于 OECD 国家面板数据的门限回归分析［J］．国际经贸探索，2014，30（9）：33－48．

［98］王凯风，吴超林．收入差距对中国城市环境全要素生产率的影响——来自285个地级及以上级别城市的证据［J］．经济问题探索，2018（2）：49－57．

［99］王美霞，樊秀峰等．中国省会城市生产性服务业全要素生产率增长及收敛性分析［J］．当代经济科学，2013，35（4）：102－111．

［100］王秋丽，陈谨．白酒行业上市公司综合效率分析．中国管理科学，2014（s1）：610－616．

［101］王伟，孙芳城．民族地区金融发展与绿色全要素生产率增长——以乌江流域为例［J］．云南民族大学学报（哲学社会科学版），2017，34（3）：106－118．

［102］王艺明，陈晨，高思航．中国城市全要素生产率估算与分析：2000－2013［J］．经济问题，2016（8）：1－8．

［103］王子明，周立．中国各地区金融发展与经济增长实证分析：1978－2000［J］．金融研究，2002（10）：1－13．

［104］吴利学，叶素云，傅晓霞．中国制造业生产率提升的来源：企业成长还是市场更替？［J］．管理世界，2016（6）：22－39．

［105］邢育松，安烨，李健．产权结构变动和中国创新效率［J］．延边大学学报（社会科学版），2017，50（4）：92－99．

［106］徐凤，金克琴．中国居民消费与经济增长关系的实证研究［J］．北京工商大学学报（社会科学版），2009，24（2）：109－113．

[107] 徐茗丽，庞立让，王砾，孔东民．治理成本、市场竞争与企业生产率 [J]．中南财经政法大学学报，2016（2）：130-139．

[108] 徐盈之，赵毅．中国信息制造业全要素生产率变动、区域差异与影响因素研究 [J]．工业经济，2007（10）：45-52．

[109] 许文彬，张丰．金融发展、行业特征、地区差异与全要素生产率——基于1999~2011年中国省际行业数据的分析 [J]．经济管理，2014（2）：33-46．

[110] 薛强．中国乳制品业全要素生产率研究 [D]．内蒙古：内蒙古农业大学，2012．

[111] 严冰．效率增进、技术进步与全要素生产率增长——制造业内外资企业生产率比较 [J]．数量经济技术经济研究，2008（11）：16-27．

[112] 颜鹏飞，王兵．技术效率、技术进步与生产率增长：基于DEA的实证分析 [J]．经济研究，2004（12）：55-65．

[113] 杨汝岱．中国制造业企业全要素生产率研究 [J]．经济研究，2015（2）：61-74．

[114] 杨顺元．经济增长中效率测度的参数与非参数方法比较研究 [D]．天津：南开大学，2008．

[115] 杨文爽，李春艳．东北地区制造业全要素生产率增长率分解研究 [J]．当代经济研究，2015（4）：87-93．

[116] 杨向阳，徐翔．中国服务业全要素生产率增长的实证分析 [J]．经济学家，2006（3）：68-76．

[117] 杨勇，李忠民．供给侧结构性改革背景下的要素市场化与工业全要素生产率——基于31个地区的实证分析 [J]．经济问题探索，2017（2）：31-38．

[118] 杨勇．中国服务业全要素生产率再测算 [J]．世界经济，2008（10）：46-55．

[119] 姚耀军．金融发展与全要素生产率增长：区域差异重要

吗？——来自中国省级面板数据的经验证据［J］．当代财经，2012（3）：43－53．

［120］叶昌友，王遐见．交通基础设施、交通运输业与区域经济增长——基于省域数据的空间面板模型研究［J］．产业经济研究，2013（2）：40－47．

［121］易纲等．关于中国经济增长与全要素生产率的理论思考［J］．经济研究，2003（8）：13－20．

［122］尹向飞，段文斌．中国全要素生产率的来源：理论构建和经验数据［J］．南开经济研究，2016（1）：95－116．

［123］于海龙，李秉龙．中国乳业的全要素生产率及影响因素分析——基于DEA-Tobit模型分析［J］．西安财经学院学报，2012，25（5）：33－38．

［124］余典范．上海产业竞争力综合评价与对策研究［J］．上海市经济学会学术年刊，2010：94－104．

［125］余利丰．金融发展与中国的TFP增长研究——基于SFA和DEA的比较分析［D］．武汉：华中科技大学，2010．

［126］余泳泽．异质性视角下中国省际全要素生产率再估算：1978—2012［J］．经济学，2017（2）：1051－1072．

［127］袁建文，蒙明忠．消费需求与经济增长的关系研究［J］．统计与决策，2011（16）：101－103．

［128］战炤磊，王凯．产业集聚、企业规模与农产品加工业全要素生产率——来自江苏的证据［J］．中南财经政法大学学报，2012（5）：135－141．

［129］张帆，潘佐红．本土市场效应及其对中国省间生产和贸易的影响［J］．经济学（季刊），2006（2）：307－328．

［130］张海洋，金则杨．中国工业TFP的新产品动能变化研究［J］．经济研究，2017（9）：72－85．

［131］张健华，王鹏，冯根福．银行业结构与中国全要素生产

率——基于商业银行分省数据和双向距离函数的再检验［J］. 经济研究, 2016（11）: 110-124.

［132］张军, 金煜. 中国的金融深化和生产率关系的再检测: 1987—2001［J］. 经济研究, 2005（11）: 34-45.

［133］张若钦. 白酒类上市公司综合效率分析［J］. 经济研究导刊, 2008（16）: 137-139.

［134］张世伟, 诺敏, 赵芳. 中国教育发展对劳动收入差距的影响［J］. 当代经济研究, 2017（4）: 68-77.

［135］张彦, 郑平. 基于DEA模型的中国啤酒业上市公司绩效分析［J］. 山东财政学院学报, 2006（4）: 55-58.

［136］张治觉, 吴定玉. 基于PLS的消费、投资、出口与经济增长关系的重新检验［J］. 湖南大学学报（社会科学版）, 2011, 25（6）: 61-65.

［137］章祥荪, 贵斌威. 中国全要素生产率分析: Malmquist指数法评述与应用［J］. 数量经济技术经济研究, 2008, 25（6）: 111-122.

［138］赵爽, 李春艳. 城市化对中国服务业全要素生产率的影响［J］. 当代经济研究, 2017（2）: 89-96.

［139］赵昕东, 李林. 中国劳动力老龄化是否影响全要素生产率?——基于省级面板数据的研究［J］. 武汉大学学报（哲学社会科学版）, 2016, 69（6）: 68-76.

［140］赵振全, 袁锐. 消费与投资变动对我国经济增长的动态影响［J］. 吉林大学社会科学学报, 2009（6）: 48-54.

［141］周应恒, 杜飞轮. 我国软饮料制造业市场结构的实证分析［J］. 当代财经, 2005（3）: 92-95.

［142］朱江丽, 徐爱燕. 企业空间分布影响因素研究——通讯设备制造业企业的微观数据分析［J］. 重庆大学学报（社会科学版）, 2016（3）: 1-8.

［143］朱英明. 区域制造业规模经济、技术变化与全要素生产

率——产业集聚的影响分析［J］. 数量经济技术经济研究, 2009（10）: 3-18.

［144］Aghion P. and Howitt P. A Model of Growth through Creative Destruction［J］. Econometrica, 1992（60）: 323-351.

［145］Aigner D. J., Lovell C. A. K. and Schmidt P. Formulation and Estimation of Stochastic Frontier Production Function Models［J］. Journal of Econometrics, 1977（6）: 21-37.

［146］Anderson T. W. and Hsiao C. Estimation of Dynamic Models with Error Components［J］. Journal of the American Statistical Association, 1981（76）: 598-606.

［147］Arellano M. and Bond S. Some test of specification for panel data: Monte Carlo evidence and an application to employment equations［J］. Review of Economic Studies, 1991（58）: 277-297.

［148］Arellano M. and Bover O. Another Look at the Instrumental Variable Estimation of Error Components Modeles［J］. Journal of Econometrics, 1995, 68（1）: 29-51.

［149］Arrow K. J. The Economic Implication of Learing by Doing［J］. Review of Economic Studies, 1962（29）: 155-173.

［150］Banker R. D., Charnes A. and Cooper W. W. Some Models for Estimating Technical and Scale Inefficiencies in Data Envelopment Analysis［J］. Management Science, 1984, 30（9）: 1078-1092.

［151］Barro R. J. and Lee J. W. A New Data Set of Educational Attainment in the Word, 1950-2010［J］. Jouenal of Development Economics, 2013（104）: 184-198.

［152］Bernard A. B. and Jones C. I. Comparing apples to oranges: productivity convergence and measurement across industries and countries［J］. American Economic Review, 1996, 86（5）: 1216-1238.

［153］Blundell R. and Bond S. Initial Conditions and Moment Restrictions in Dynamic Panel Data Models [J]. Journal of Economitrics, 1998, 87 (1): 115 - 143.

[154] Bronzini R. and Piselli P. Determinants of long-run regional productivity with geographical spillovers: The role of R&D, human capital and public infrastructure [J]. Regional Science and Urban Economics, 2009, 39 (2): 187 - 199.

[155] Brülhart M. and Trionfetti F. A Test of Trade Theories When Expenditure Is Home Biased [J]. European Economic Review, 2005, 53 (7): 830 - 845.

[156] Caves D. W., Christensen L. R. and Diewert W. E. The Economic Theory of Index Numbers and the Measurement of Input, Output, and Productivity [J]. Econometrica, 1982, 50 (6): 1393 - 1414.

[157] Charnes A., Cooper W. W. and Rhodes E. Measuring the efficiency of decision making units [J]. European Journal of Operations Research. 1978, 2 (6): 429 - 444.

[158] Chen Y. A non-radial Malmquist productivity index with an illustrative application to Chinese major industries [J]. International Journal of Production Economics, 2003, 83 (1): 27 - 35.

[159] Davis D. R. and Weinstein D. E. Market Access, Economic Geography and Comparative Advantage: An Empirical Test [J]. Journal of International Economics, 2003, 59 (1): 1 - 23.

[160] Davis H. S. Productivity accounting [M]. Pennsylvania: University of Pennsylvania Press, 1955.

[161] Dension E. Why growth rates differ [M]. Washington, D. C. Brooking Institute, 1962.

[162] Farrell M. The Measurement of Production Efficiency [J]. Journal of the Royal Statistical Society, 1957 (120): 253 - 282.

[163] Färe R., Grosskopf S., Norris M. and Zhang Z. Z. Productivity

Growth, Technical Progress, and Efficiency Change in Industrialized Countries [J]. American Economic Review, 1994, 84 (1): 66 – 83.

[164] Grifell-Tatjé E. and Lovell C. A. K. A generalized Malmquist productivity index [J]. Top, 1999, 7 (1): 81 – 101.

[165] Grossman G. M. and Helpman E. Human Capital, Innovation and Growth in the Global Economy [M]. MIT Press, 1991.

[166] Horioka C. Y. The Causes of Japan's "Lost Decade": The Role of Household Consumption [J]. Japan and The World Economy, 2006, 18 (4): 378 – 400.

[167] Hsieh. C. T. and Klenow P. J. Misallocation and Manufacturing TFP in China and India [J]. Quarterly Journal of Economics, 2009, 124 (4): 1403 – 1448.

[168] Januszewski S. I., Köke J. and Winter J. K. Product Market Competition, Corporate Governance and Firm Performance: An Empirical Analysis for Germany [J]. Research in Economics, 2002, 56 (3): 299 – 332.

[169] Jorgenson D. W. and Griliche Z. The Explanation of Productivity Change [J]. Review of Economic Studies, 1967, 34 (3): 249 – 283.

[170] Kalirajan K. P. An Econometric Analysis of Yield Variability in Paddy Production [J]. Canadian Journal of Agricultural Economics, 1981 (29): 283 – 294.

[171] King R. G. and Levine R. Finance and Growth: Schumpeter Might Be Right [J]. Quarterly Journal of Econmics, 1993, 108 (3): 717 – 737.

[172] Krugman P. R. Scale Economics, Product Differentiation, and the Pattern of Trade [J]. American Economic Review, 1980, 70 (5): 950 – 959.

[173] Kumbhakar S. C., Ghosh S. and Mcguckin J. T. A Generalized Production Frontier Approach for Estimating Determinants of Inefficiency in

U. S. Dairy Farms [J]. Journal of Business and Economic Statistics, 1991 (29): 279 - 286.

[174] Kumbhakar S. C. and Lovell C. A. K. Stochastic Frontier Analysis [M]. Cambridge UK: Cambridge University Press, 2000.

[175] Levine R. and Zervos S. Stock Markets, Banks, and Economic Growth [J]. American Economic Review, 1998, 88 (3): 537 - 558.

[176] Levine R. Financial Development and Economic Growth: Views and Agenda [J]. Social Science Electronic Publishing, 1997, 35 (2): 688 - 726.

[177] Lovell C. A. K. The Decomposition of Malmquist Productivity Indexes [J]. Journal of Productivity Analysis, 2003, 20 (3): 437 - 458.

[178] Lucas R. E. On The Mechanics Of Economic-Development [J]. Journal of Monetary Economics, 1988, 22 (1): 3 - 42.

[179] Meeusen W. and Broeck J. V. Efficiency Estimation from Cobb-Douglas Production Functions with Composed Error [J]. International Economic Review, 1977 (18): 435 - 444.

[180] Miller S. M. and Upadhyay M. P. Total factor productivity and the convergence hypothesis [J]. Journal of Macroeconomics, 2002, 24 (2): 267 - 286.

[181] Mofrad M. A. The relationship between GDP, Export and Investment: Case Study Iran [J]. Business Intelligence Journal, 2012, 5 (2): 401 - 405.

[182] Munir Q. and Mansur K. Non - linearity between inflation rate and GDP growth in Malaysia [J]. Economics Bulletin, 2009, 29 (3): 1551 - 1565.

[183] Nickell S. J. Competition and Corporate Performance [J]. Journal of Political Economy, 1996, 104 (4): 724 - 746.

[184] Nijkamp P. and Poot J. Meta-analysis of the effect of fiscal poli-

cies on long-run growth [J]. European Journal of Political Economy, 2004, 20 (1): 91-124.

[185] Pitt M. M. and Lee L. F. The Measureent and Sources of Technical Inefficiency in Indonesian Weaving Industry [J]. Journal of Development Economics, 1981 (9): 43-64.

[186] Ray S. C. and Desli E. Productivity Growth, Technical Progress, and Efficiency Change in Industrialized Countries: Comment [J]. American Economic Review, 1997, 87 (5): 1033-1039.

[187] Rioja F. and Valev N. Finance and the Sources of Growth at Various Stages of Economic Development [J]. Economic Inquiry, 2004, 42 (1): 127-140.

[188] Romer P. M. Endogenous Technological Change [J]. Journal of Political Economy, 1990 (5): 71-102.

[189] Romer P. M. The Origins of Endogenous Growth [J]. The Journal of Economic Perspectives, 1986 (8): 3-22.

[190] Scherer F. M. Firm Size, Market Structure, Opportunity and the Output of Patented Inventions [J]. American Economic Review, 1965, 55 (5): 1097-1125.

[191] Schmookler J. Invention and Economic Growth [M]. MA: Harvard University Press, 1966.

[192] Shephard R. W. Cost and production functions [M]. Princeton: Princeton University Press, 1953.

[193] Smith A. The Wealth of Nations [M]. New York: The Modern Library, 1937.

[194] Solow R M. A Contribution to the Theory of Economic Growth [J]. Quarterly Journal of Economics, 1956 (70): 65-94.

[195] Solow R M. Technical change and the Aggregate production function [J]. Review of Economics and Statistics, 1957 (39): 312-320.

[196] Stigler G. J. Trends in Output and Employment [M]. New York: NBER, 1947.

[197] Swan T. W. Economic Growth and Capital Accumulation [J]. Economic record, 1956 (32): 334 – 361.

[198] Wang H. J. and Schmidt P. One-Step and Two-Step Estimation of the Effects of Exogenous Variables on Technical Efficiency Levels [J]. Journal of Productivity Analysis, 2002, 18 (2): 129 – 144.

图书在版编目（CIP）数据

中国饮料制造业全要素生产率测算及其影响因素研究／邢育松著. —北京：经济科学出版社，2021.11
ISBN 978-7-5218-3092-7

Ⅰ.①中… Ⅱ.①邢… Ⅲ.①饮料工业-全要素生产率-测算-研究-中国　Ⅳ.①F426.82

中国版本图书馆 CIP 数据核字（2021）第 239021 号

责任编辑：宋艳波
责任校对：徐　昕
责任印制：王世伟

中国饮料制造业全要素生产率测算及其影响因素研究
邢育松　著
经济科学出版社出版、发行　新华书店经销
社址：北京市海淀区阜成路甲 28 号　邮编：100142
总编部电话：010-88191217　发行部电话：010-88191540
网址：www.esp.com.cn
电子邮箱：esp@esp.com.cn
天猫网店：经济科学出版社旗舰店
网址：http://jjkxcbs.tmall.com
北京季蜂印刷有限公司印装
710×1000　16 开　10.5 印张　200000 字
2022 年 10 月第 1 版　2022 年 10 月第 1 次印刷
ISBN 978-7-5218-3092-7　定价：58.00 元
（图书出现印装问题，本社负责调换。电话：010-88191510）
（版权所有　翻印必究　举报电话：010-88191586
电子邮箱：dbts@esp.com.cn）